Thorsten Fiedler

#SCHEISSENDRECKHAPPENS

Realsatire powered by Offenbach

Das Buch

Wenn das Lektorat aufgrund orthografischer Auswüchse Amok läuft, ein gallisches Dorf im Ironie-Fokus eines Offenbacher Autors steht, die Gründung einer Stadt unter ganz neuen Gesichtspunkten beleuchtet wird, Peter Neururer schon vor Erscheinen des Buchs einen auf volle Hose macht, manche Mainnachbarn Schnappatmung bekommen, Rauschgiftwolken über dem Circle of no return oder auch Kaiserleikreisel liegen, dann kann das Motto im wahrsten Sinne des Wortes nur heißen: SCHEISSENDRECK HAPPENS.

*

Mir war am Anfang nicht klar, ob ich eine LIDL-, AL-
DI-, REWE-, EDEKA- oder REAL-Satire schreiben
soll. Entschieden habe ich mich schlussendlich für eine
REAL-Satire, obgleich es im Prinzip egal ist, denn auch
wenn das Buch ein HIT wird, NETTO verdient man
damit eh keinen einzigen PENNY.

*

Vorwort
von Peter Neururer

Als langjähriger Fußballtrainer, Kommentator und auch in meinem privaten Umfeld ist mir schon so mancher „SCHEISSENDRECK" passiert. Gerne denke ich dabei auch an meine tolle Zeit als Fußballtrainer in Offenbach zurück. Und ich freue mich, mit dieser für mich unvergesslichen Anekdote und gleichzeitig einer original Offenbacher Geschichte zu dieser Realsatire beizutragen.

Krass ist es, wenn's pressiert, und real ist, wenn's passiert. Kommt dann alles zusammen, ist die Kacke buchstäblich am Dampfen.

Ich habe es am eigenen Leib erlebt, und viele Offenbacher waren live dabei. Vielleicht können sich noch einige daran erinnern, wie es war, als der Bieberer Berg noch bebte, aber lest einfach selbst ...

Die Geschichten in diesem Buch sind richtig witzig, ironisch und dazu auch noch real, halt einfach mitten aus dem Leben gegriffen.

Lieber Thorsten, vielen Dank, dass du dich selbst tüchtig auf die Schippe genommen hast, denn so können sich die Leser über uns beide amüsieren.
Fazit: Ich habe mir auf jeden Fall vor Lachen fast in die Hose gemacht.

Mit realsatirischen Grüßen

Euer Peter Neururer

Inhalt:

#Positiv ist das neue Negativ

#Rosenkrieg

#Gedicht: Der Gewinner, der ein Verlierer war

#Gerüchte über Offenbach

#Die Frankfurter Tafelrunde

#Gedicht: Frankfurter Spezialitöten

#Die Tafelrunde oder die Runde an der Tafel

#Kommt nicht in die Tüte

#Gedicht: Scheißendreck over all

#Wer schreibt, der bleibt

#Gedicht: Schreibblockade

#Gedicht: Altpapier

#Gedicht: Der Verlag

#Die fünf Denkfehler eines Autors

#Dornröschen

#Hannibal Lecter versus Lektor?

#Alte Pflegerin

#Neulich im Offenbacher Bürgerbüro

#Junggesellenabschied über 50

#Gedicht: Aprikosenallergie

#SCHEISSENDRECK HAPPENS

#Gedicht: Donnerschlag

#Limbo-Tänzer kommen überall hin

#Offenbacher Götterwesen

#Der Offenbacher Schrägaufzug

#Hinter den Kulissen

#Offenbacher Psychologe packt aus

#Der Kreisel ohne Wiederkehr

#Zahn der Zeit

#Gedicht: Achilles-Verse oder doch Achilles-Ferse

#Vegetarier, Veganer und Droganer

#Gedicht: Droganer-Blues

#Wär´n mer lieber daham gebliwwe! Oder wie das Kanobis nach Offenbach kam

#Ausgangssperre

#Gedicht: Offenbach, die Innovationshauptstadt

#Drogen, wohin man auch schaut

#Gedicht: Der Drogenpark

#Touristen werfen das Handtuch

#Sport mit 50 plus

#Aktualisierung

#Wer fragt denn so was?

#Mea Culpa

#Gedicht: Gibts Satire bei Real?

#Fliegeralarm am Wilhelmsplatz

#Dank

#Der Autor

#Leseprobe: „Der Nomade im Speck"

#Leseprobe: „Der Sattel im Speckmantel"

#Positiv ist das neue Negativ

Der Mittwoch fing schon beschissen an. Nach langer, langer Zeit hatte es mich tatsächlich erwischt. Natürlich an meinem ersten Urlaubstag. Kopfschmerzen, Fieber, Halsweh, also mit Abstand die schlimmste Männergrippe, die man sich vorstellen kann. Vor meinem geistigen Auge erschien ein Grabstein mit einem treffenden Nachruf: „Hier ruht Thorsten, vorher hatte er dazu keine Zeit."

So lag ich erstmals seit einigen Jahren krank im Bett und nach ungefähr 14 Minuten stellte sich ein nervendes Gefühl ein – Langeweile! Weitere zwei Stunden später kam dann das unerträgliche Gefühl hinzu, sich wundzuliegen. Deshalb hieß es: hinsetzen und den PC einschalten. Nachdem ich alle beruflichen und privaten Mails bearbeitet hatte, waren zumindest schon mal die ersten Stunden im Krankenbett vorüber. Ich musste hier wieder raus, und zwar so schnell wie irgend möglich. Allerdings machten mir die gefühlten 47,8 Grad Fieber den ersten Strich durch die Rechnung. Der Rat meiner Schwester, die zufällig auch noch Ärztin ist, lautete: absolute Bettruhe. Definiere absolut! Und überhaupt: Muss man den Rat einer Schwester befolgen? Zugegeben, der Arztstatus spricht schon ein wenig dafür. Also habe ich mich nach intensiven Verhandlungen bereit erklärt, weitere 90 Minuten im Bett zu bleiben. Die Verhandlungsstrategie meiner Lieblingsschwester war ungleich erfolgreicher, denn am Ende hieß es: bis Freitag strenge Bettruhe.

Da ich am Montag wieder zur Arbeit wollte, musste ich nur noch kurz zum Arzt, um einen Corona-Test zu machen. Man möchte schließlich niemanden anstecken, auch wenn ich bis dato niemanden kannte, der überhaupt schon mal Corona hatte. Beim Arzt ging es sehr schnell. Ich überhörte einfach seine Worte „Sie müssen sich schonen, damit ist nicht zu spaßen, das Fieber schwächt Ihren Körper!" und sagte frontal hinein in seine Litanei: „Der Test, Herr Doktor! Können wir jetzt loslegen?" Daraufhin rammte der Arzt ein Wattestäbchen mit den Ausmaßen eines mittleren Baumstamms unbarmherzig und direkt in mein Nasenloch, bis sich eine leichte bis mittlere Gehirnerschütterung einstellte. Danach spielte er noch eine Runde Billard mit dem Zäpfchen in meinem Hals. Vielleicht muss ich ja froh sein, dass er keine Kneifzange benutzt hat, um die Viren aus dem Rachenbereich abzuknipsen. Im Prinzip hätte er dabei auch gleich die Mandeln entfernen können. 😉 Mitten hinein in meine Würgegeräusche teilte der Arzt mir mit, dass ich am Montagvormittag mit dem Ergebnis rechnen könnte. Was für ein Aufriss wegen einer stinknormalen Erkältung. E bisi Husten, Schnupfen, Heiserkeit – bei uns in der Firma wurde dieses Krankheitsbild nur WES genannt, das sogenannte Weich-Ei-Syndrom.

Dann würde es also noch bis Dienstag dauern, bevor ich dem Krankenstand endgültig adieu sagen könnte. Am Freitag gegen 20:30 Uhr lag ich immer noch gegen meinen Willen im Bett, verspürte aber überhaupt keine Langeweile. Aus gutem Grund, denn in diesem Moment lief das Kickers Fan-Radio und berichtete über das Auswärtsspiel des OFC beim SSV Ulm. Es lief nicht gut und dann passierte es: Ein Pfiff ertönte, und da hatte der Schiri doch tatsächlich einen Elfmeter gegen meine Kickers gegeben. Eine glatte Fehlentscheidung! Nur weil beim gegnerischen Stürmer plötzlich akute Standprobleme auftraten aufgrund einer klitzekleinen und lieb gemeinten Grätsche. Möglicherweise war dem Mann nur schwindelig, als der OFC-Verteidiger mit großer Geschwindigkeit heranrauschte, und dann fiel er vor Schreck um. Wie auch immer, mein absolut subjektives Empfinden tendierte klar Richtung Fehlentscheidung.

Der Spieler von Ulm legte sich den Ball zurecht und nahm Anlauf. Mir stockte der Atem.

Fast zeitgleich klingelte plötzlich mein Telefon. Welcher Idiot ruft denn mitten in einem Spiel an, und dann auch noch in einer solch entscheidenden Phase? Konnte es tatsächlich noch schlimmer kommen? Ja! Denn eine unbekannte Stimme meldete sich mit „Gesundheitsamt Offenbach". „Sind Sie das, Herr Fiedler?" Obwohl ich sonst spontan sein kann, wollte mir einfach nicht der Name des Nachbarn von gegenüber einfallen. „Herr Fiedler, wir müssen Ihnen mitteilen, dass Ihr Test positiv ist. Sie haben sich mit dem Coronavirus infiziert, und das bedeutet die nächsten zwei Wochen strenge Quarantäne! Auch der Kontakt zu Ihrer Familie muss unterbleiben." Tor, 1:0 für den SSV Ulm. Der Elfmeter zappelte im Netz.

Und was sollte das überhaupt? Gab es in unserer Gesellschaft einen kompletten Sinneswandel? Inzwischen
schien positiv das neue Negativ zu sein! Lesen Sie einfach weiter, denn es folgt hierzu keine Erklärung.

Man sollte jeder Lebenslage etwas Gutes abgewinnen,
allerdings schien mir das im Moment ein schwieriges
Unterfangen zu sein. 14 Tage Einzelhaft, kein Büro,
keine Spaziergänge mit Emma, unserem Familienhund,
kein Sport … Eigentlich hatte ich auch bis dahin keinen
Sport getrieben, also war dieser Teil durchaus ver-
schmerzbar, dafür gab es neue Aufgaben zu bewältigen.
Das Gesundheitsamt wollte eine komplette Aufstellung

aller Kontakte der letzten Tage. Im ersten Augenblick dachte ich daran, alle Menschen aufzuzählen, die ich nicht leiden kann, verwarf diesen Gedanken aber wieder.

Zusätzlich sollte eine tägliche Tabelle erstellt werden mit allen auftretenden Symptomen und ihrer Intensität. Am schlimmsten war für mich, glaube ich, der Geschmacksverlust. Du isst und trinkst die gleichen Dinge wie vor Covid-19, schmeckst jedoch rein gar nichts, nimmst aber trotzdem zu. Deshalb habe ich bei den Symptomen „Gewichtszunahme" vermerkt. Laut Aussage des Gesundheitsamts war das eher atypisch. Ob ich schon vorher an Adipositas gelitten hätte, wollten sie von mir wissen. Frechheit, da schrammst du gerade so an den ersten Anzeichen einer Magersucht vorbei und dann so was!

Telefonisch gab es viel Resonanz, Unterstützung und gute Ratschläge. Ein – leider inzwischen Ex- – Freund meinte nur lapidar, das mit dem Geschmacksverlust sei durchaus zu verschmerzen, zumal ich auch vorher nie über einen guten Geschmack verfügt hätte. Wie gesagt: inzwischen Ex-Freund.

Immer noch versuchte ich, dem Dilemma etwas Gutes abzugewinnen: Erstmalig seit meiner Geburt im Ketteler Krankenhaus, als ich unter Flutlicht geboren wurde, bescheinigte mir eine Behörde, dass ich ein positiver Mensch sei. Mehr kann man einfach nicht verlangen.

Am nächsten Tag wurde unsere komplette Hausgemeinschaft auf Veranlassung des Gesundheitsamts zum Corona-Test vorgeladen. Vor allem meine Tochter und meine über alles geliebte Ehefrau warteten mit Spannung auf das Ergebnis. Bisher hatten sie fast minütlich darüber philosophiert, ob und wie ich sie angesteckt hätte. Wahrscheinlich hatten sie hinter meinem Rücken sogar Wetten abgeschlossen. Doch das Ergebnis übertraf alle Erwartungen. Beide waren positiv, aber laut den Krankheitsbildern schon deutlich länger als ich. Sündenbock ade. Jetzt war ich endgültig raus aus der Schuldfrage, aber immer noch mittendrin in der Quarantäne-Falle.

Glücklicherweise waren wir jetzt wenigstens zu dritt in Isolationshaft. Eigentlich zu viert, denn unser Hund Emma musste notgedrungen auch ohne jegliche Symptome in Quarantäne bleiben. Wobei sie wahrscheinlich am glücklichsten darüber war, alle Mitbewohner den ganzen Tag um sich zu haben.

Man mag es nicht für möglich halten, welche Gründe es gibt, die häusliche Gefangenschaft verlassen zu müssen. Ich zum Beispiel verspürte das unbändige Bedürfnis, einkaufen zu gehen, was an sich komisch ist, denn vorher hatte ich dieses Gefühl, trotz mehrfacher Aufforderung meiner Frau, nie gehabt. Einige Leser werden bestimmt denken: „Der ist doch Offenbacher, da soll er froh sein, wenn er drinnen in Sicherheit ist." Dabei spielt wahrscheinlich die mangelhafte Kenntnis dieses Kleinods hessischer Kultur eine nicht unerhebliche Rolle. Wenn ich jetzt beginnen würde, alle wunderbaren Lokalitäten im idyllischen Offenbach aufzuzählen, ja, dann wäre dieses Buch gleich schon wieder voll, ohne dass ich dazu gekommen wäre, weitere Stufen der Quarantäne-Leiter zu besteigen.

Doch wenn man schon mal an der Corona-Lotterie erfolgreich teilgenommen hat, glaubt man an ein hoffentlich einmaliges Erlebnis. Das dachte ich zumindest, bis in den Nachrichten davon zu hören war, dass sich die ersten Menschen erneut mit dem Virus identifiziert hatten. Jetzt kommen doch wieder die ersten Klugscheißer und philosophieren darüber, dass es infiziert heißen müsste. Mir gefällt aber identifiziert viel besser und da halte ich es mit Loddar Matthäus, der dem Volk in seiner unnachahmlichen Art eine Lebensweisheit kostenlos mit auf den Weg gab: „Wäre, wäre Fahrradkette." Dieser Aussage ist nichts mehr hinzuzufügen.

#Rosenkrieg

Was tut man nicht alles, um der Langeweile einer Inhaftierung zu entfliehen. Manchmal überschreitet man auch Grenzen, die man niemals überschreiten wollte. Und so begab es sich, dass ich mit der besten Ehefrau von allen eine Aufzeichnung der wahrscheinlich intellektuell anspruchsvollsten Sendungen ever anschaute. Die Bachelorette. „Wolle Rose kaufe?" Irgendwie kommt einem dieses ganze Szenario total realistisch vor, wenn zum Beispiel eine Dame innerhalb weniger Wochen mal eben zwanzig Männer ausprobiert und sich am Ende der Testreihe für den Mann entscheidet, den sie möglicherweise schon von Anfang an als Favoriten auserkoren hatte. Zwischendurch spielen sich dann auch noch heftige Eifersuchtsdramen ab, wenn verschiedene Teilnehmer zu der Kuss- und Knutschprobe – im Sender heißt es Einzeldate – eingeladen werden. Dort räkeln sich dann die Körper meist unter freiem Himmel oder im Whirlpool, um zu testen, ob die Zungenaffinität der Protagonisten zueinanderpasst. Sobald es dann aber für den Außenstehenden spannend wird, weil es an die tiefergehenden Testanalysen geht, müssen die Fernsehzuschauer draußen bleiben. Dies hat zur Folge, dass man am nächsten Tag auf das angewiesen ist, was der aus dem Date Zurückkommende bereit ist zu erzählen. Das ist überaus vorteilhaft für das rosenvergebende Objekt der Begierde, denn so kann sie weiterhin mit ihrer Tugendhaftigkeit kokettieren. Am Ende der Sendung gibt es Gewinner und natürlich auch Verlierer zu vermelden. Vielleicht hat aber der Verlierer einen tollen Urlaub verbracht, ist ab jetzt zumindest B-Promi und durfte eventuell an den verbotenen Früchten naschen, ohne dass ihm daraus irgendwelche Verpflichtungen erwachsen sind. Die Bachelorette indes kann in einem luxuriösen Ambiente Tests jeglicher Art mit und ohne Happyend durchführen, ständig umgeben von willigen, durchtrainierten Typen, die wachsweich werden, wenn sie fragt: „Möchtest du diese Rose annehmen?" Zuletzt gibt es natürlich auch einen Verlierer, und zwar den Gewinner. Hört sich schräg an, ist aber ganz einfach zu erklären: Der Gewinner muss am Ende mit der Frau zusammenbleiben, die alle Männer gründlichst erforscht, getestet und einzeln gedatet hat. Wenn diese arme Sau nach Beendigung des Rosenkriegs die Aufzeichnungen im Fernsehen sieht und sich dann noch ausmalt, wie viele Happyends es wohl im Laufe der Zeit gegeben hat, könnte er möglicherweise sein Tun im Nachgang überdenken. Sollten die rosenlos ausgeschiedenen Kavaliere zur Bösartigkeit neigen, werden sie dem Gewinner des Herzens natürlich ausführlich beschreiben, was nach Sendeschluss noch alles passiert ist und ob die Dame sich an die Sendepause gehalten hat. Es wird Dinge geben, die wirklich passiert sind und sogar im Bild festgehalten wurden, Dinge, die sehr wahrscheinlich sind, und dann noch die Ereignisse, die nur im Kopf des Betrachters stattfinden. Vielleicht heißt in seinen Fantasien der ominöse Satz nicht mehr: „Möchtest du diese Rose?" sondern: „Möchtest du dieses Kondom mit Rosengeschmack annehmen?" Wie man es auch dreht, aus der Sicht des neutralen Betrachters scheint der Gewinner buchstäblich die ärmste Sau zu sein. Aber am Ende sind alle prominent, und das ist immerhin schon mal ein Anfang. Bei einem geschäftlichen Meeting kann man dann mit dem erlangten Bekanntheitsgrad prahlen. „Können Sie sich denn nicht erinnern? Ich war doch bei der achten Staffel der Bachelor-Kandidat Nummer 19, und danach war ich im RTL-Dschungelcamp und habe die Cojones einer Busch-Hyäne ohne zu kauen runtergeschluckt." Ich kann es nur immer wieder betonen, solche Smalltalk-Themen können einen ungemein nach vorne katapultieren. Und wie ich so tief in die Psyche der Pseudo-Promis eintauchte, verfingen sich meine Gedanken in Reimform und dieses Gedicht musste ans Tageslicht.

#Der Gewinner, der ein Verlierer war

Ein Mann, der hatte die Hosen,
zog er sie aus, dann gab es Rosen.
Dein Zimmernachbar kommt sehr spät,
er hat heut ein Einzel-Date
und versucht mit Engelszunge,
sie rumzukriegen, diese Junge,
denn heute sucht die Bachelorett´,
den Zukunftspartner für ihr Bett.

Im Whirlpool zeigt sie sehr viel Haut,
damit der Mann sich endlich traut

und alle Hemmung fallen lässt,
und schon beginnt der Praxistest.
Gestresst, kaputt und ausgelaugt,
da zeigt sich schnell, wer hier was taugt.

Abschiedsschmerz war kaum zu messen,
der Kerl am nächsten Tag vergessen.

Da kannst du kämpfen, flirten, posen
und kriegst trotzdem keine Rosen.

Doch einer steigt mit seiner Masche
wie der Phönix aus der Asche
und kriegt – das ist das Famose –
final die allerletzte Rose.

Am Ende steht nur zur Debatte:
Du kriegst die Frau, die jeder hatte.

Ja, so kann sie aussehen, die Corona-Freizeitgestaltung eines Quarantäne-Autors. Ein banales Virus ist tatsächlich in der Lage, das bisherige persönliche Anspruchsempfinden deutlich herunterzuschrauben auf das aktuelle Niveau des Fernsehprogramms. Aber noch war ich nicht ganz unten angekommen, denn es gab weitere Leckereien der inzwischen immer intellektueller werdenden Beiträge aus der Schmuddelkiste.

Dschungelcamp oder Prominenten-Big-Brother stehen tatsächlich nur exemplarisch an dieser Stelle. Doch meine ernsthafte Frage lautet: Ab wann ist man prominent? Und was muss man dafür tun? Da ist die Dame, die sich teilbekleidet als Performancekünstlerin unter TV-Begleitung auf den Marktplatz stellt und mittels zweier am Körper befindlicher Boxen für 30 Sekunden einen Zugriff jeweils zum kleiderbefreiten Ober- bzw. Unterkörper gewährt, wenn ein entsprechender Geldbetrag eingeworfen wird. Es funktioniert tatsächlich nach dem Prinzip Ponystreicheln, nur halt ohne Pony. Unvorstellbar, dass jemand auf eine solche Idee kommt, und noch krasser, dass die Fraktion Streichelzoo wirklich zulangt. Vielleicht solltet ihr euch eine Katze kaufen. Immerhin scheint es wohl der richtige Weg zu sein, um den Bekanntheitsstatus zu erlangen, der einen direkt ins Nichts oder ins Alles katapultiert. Es wird wirklich

25

viel für die Renaissance des Fremdschämens getan. Die Frage ist nur: Warum schauen sich die Menschen diese peinlichen Augenblicke auch noch an? Zweitens fragt man sich: Wie tief muss man schürfen, um noch Relikte des Intelligenzquotienten aufzuspüren? Möglicherweise würde Alice Schwarzer das Verhalten der Dame als durchaus kontraproduktiv einstufen, wenn es um das Thema „Emanzipation der Frau" geht.

Der Mensch liebt besonders Gerüchte, deren Verbreitung beim Gegenüber Erstaunen oder Fassungslosigkeit auslöst. Dazu muss man wissen, dass positive Nachrichten hierfür denkbar ungeeignet sind. Zum Beispiel liegen Sie mit dem Gerücht, dass ein weltbekannter Fußballer einzig und allein nur Augen für seine Ehefrau hat, gnadenlos abgeschlagen im Bereich „Langeweile für Anfänger". Sollte aber dieser Fußballer eine Affäre haben mit einer kompletten Volleyball-Damenmannschaft, die teilweise ihren Geburtsstatus operativ verändert hat, können Sie sich der ungeteilten Aufmerksamkeit Ihrer Zuhörer gewiss sein. So ist es auch kein Wunder, dass über meine Heimatstadt Offenbach gerne Gerüchte verbreitet werden …

#Gerüchte über Offenbach

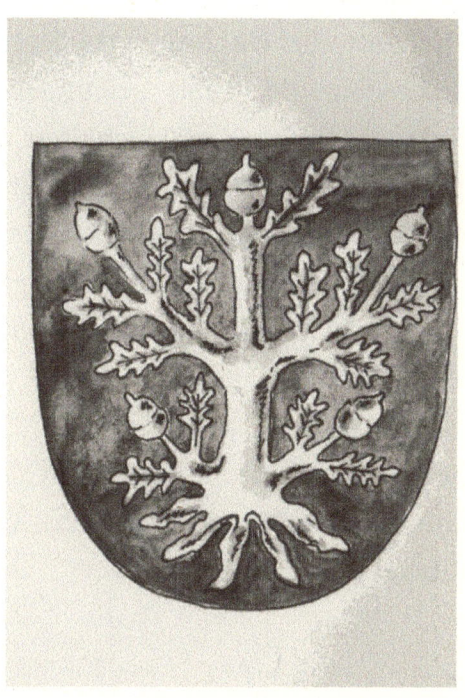

Mal ganz im Ernst, in welcher Stadt gibt es keine überlieferten Ammenmärchen? Doch egal, welche Räubergeschichten über Offenbach kursieren, der außenstehende Betrachter ist zumeist geneigt, zumindest die schlimmsten Dinge davon für bare Münze zu halten.

Deshalb möchte ich an dieser Stelle einige davon stellvertretend aufzählen.

Berühmtes Personal:
In Offenbach heißt die **Bachelorette** einfach „Magdfraa", der Leserschaft vielleicht geläufiger unter dem Begriff: Marktfrau. Die verkauft nicht nur Rosen, sondern auch Blumenkohl. Manchmal lächelt sie verheißungsvoll mit einem verklärten Blick, was möglicherweise daran liegt, dass die Einheimischen generell dazu neigen, schon zum Frühstück ihr vierteltägliches Quantum Apfelwein zu konsumieren.

Ponystreicheln findet bei uns nur im Wald-Zoo statt. Und man kann sich darauf verlassen, dass es sich wirklich um Pferde handelt.

Kultur:
12,5 Millionen Nationen verteilen sich auf 140.009 Offenbacher. Der Ausländeranteil liegt bei etwa 167,64 %. Und das stimmt auch, denn Offenbach ist Multi-Kulti.

Ehrlichkeit:
Der Offenbacher an und für sich neigt dazu, Wahrheiten ohne das Hinzufügen von Beschönigungen auszusprechen. Beispiel: „So wie du aussiehst, hast du in deinem Leben bisher nicht viele Mahlzeiten verpasst!"

Finanzen:
Hier hat die Stadt eher ein grammatikalisches Problem, da es bei diesem Begriff keinen Singular gibt. Offenbach ist bei dem Thema Armut trauriger Rekordhalter in Hessen. Das Gleiche gilt leider auch für die Arbeitslosigkeit. Kein Wunder, dass es noch nicht einmal für den Plural bei den Finanzen reicht.

Gastronomie:
Durch die 12,5 Millionen verschiedenen Nationen gibt es nirgends auf der Welt eine solche Vielfalt an kulinarischen Besonderheiten.

Das bewirkt natürlich, dass die Reichen und Schönen diesseits und jenseits des Mainufers gerne einen Abstecher, zum Beispiel auf den Wilhelmsplatz, machen, um die kulinarische Bandbreite des hiesigen Angebots voll auszukosten. Das gilt vor allem für Handkäs mit Musik und dazu einen Bembel mit Ebbelwoi, neudeutsch: Apfelwein.

Diese Kombination sollte einem berühmten Fußballtrainer, der den OFC eine Weile trainierte, zum Ver-
hängnis werden, wie Sie im weiteren Verlauf dieses
Buchs nachlesen können.

Glauben:

Die meisten Offenbacher glauben, dass der OFC dem-
nächst wieder aufsteigt. Allerdings gibt es auch einige
Zweifler und Tatsachenverweigerer.

Sport:

Nirgendwo in Deutschland wird so gerne und viel Sport
betrieben. An erster Stelle steht der Handtaschenwett-
lauf. Bei dieser Offenbacher Trendsportart gilt es, mit
fremdem Eigentum so schnell zu verschwinden, dass
auch die uniformierte Gegenpartei nicht mehr eingrei-
fen kann.

Die Wahrheit über Adi Hessberger:

Ursprünglich kommt der Held meiner Offenbach-
Krimis, Adi Hessberger, OFC-Fanatiker und Haupt-
kommissar, aus der Modebranche. Kaum jemand hier-
zulande weiß, dass er der wahre Erfinder luftigen
Schuhwerks ist. Sein Kultschuh, die **Adilette,** wird vor

allem in Ballermannkreisen gerne mit Tennissocken kombiniert.

Schmuck:
Hier zeigt sich die Liebe zum futuristischen Geschmeide. Der Offenbacher liebt Ringe um das Fußgelenk. Diese sind meist versehen mit einer Art Navigations- und Ortungsmodus. Der letzte Schrei in den einschlägigen Vierteln. Mit dieser Funk-Zelle bleibt er mit seinen Lieben immer in Verbindung.

Sprache:
Da der liebe Gott bekanntlich Hessisch spricht, wurde das von den Einheimischen so übernommen.

Und am 8. Tag erschuf Gott die Dialekte ... Alle waren glücklich!

Der Berliner sagte: „Icke hab gar kenen Dialekt, wa?"

Der Hanseate: „Moin, moin?"

Der Schwabe sagte: „Mir könnet alles – nur net Hochdeutsch schwätze."

Der Kölner: „Et hätt noch immer jot jejange!"

Der Bayer sagte: „Jo mei, mia san mia!"

Der Sachse: „Ja nü, freilisch is Sächsich klosse!"

Nur für den Offenbacher war kein Dialekt übrig, da wurde er traurig ...

Der liebe Gott konnte alles aushalten, nur keinen traurigen Offenbacher, deshalb sprach er mit dem Brustton der Überzeugung: „Reeesch disch net uff, dann babbelste halt wie isch ...“

Dealer:
Durch den Umstand, dass der Offenbacher an und für sich zu einer übertriebenen Hilfsbereitschaft neigt, volkstümlich das Besorgersyndrom genannt, hat sich diese Neigung auch auf möglicherweise rechtlich beanstandbare Aktionen ausgeweitet. Deshalb gibt es in Offenbach auch so viele Leute, die einfach alles besorgen können. 😉

Rapper, Schlepper, Bauernfänger:
Falls jemand vermutet, dass in Offenbach der Rap erfunden wurde, liegt derjenige nicht ganz falsch. Aufgrund unseres Multi-Kulti-Status redet die durchschnittliche Bevölkerung analog zum Rap-Gesang.

Lifestyle:

Was der Offenbacher nicht kennt, das macht er auch nicht. Der einzige akzeptierte Style ist der Westernstyle, vor allem beim Autofahren.

Sprichwörter und Spracheigentümlichkeiten:

Wir Offenbacher neigen dazu, bestehende Sprichwörter partiell umzuschreiben, zum Beispiel: „Ohne Fleiß kein Rot-Weiß" oder „Viele Schiedsrichter verderben das Spiel". Weiterhin befleißigen sich die OF-Origines (Ureinwohner) einer simplen, dafür sehr prägnanten Ausdrucksweise, denn uffm Bersch ist alles anders: „Wo kimmst du dann her?" „Von da hinne!" „Und wo mechstn hi?" „Ei nach da vorne."

Lange Sätze sind nicht unser Ding. Zum Beispiel lautet der Satz: „Hallo, mein wertgeschätzter Freund, wie geht es dir denn heute, an diesem wunderbaren Frühlingstag?" einfach und prägnant: „Gude"! Falls der Gesprächspartner extrem geschwätzig ist, kann es auch mal heißen: „Guude!" Darauf antwortet man mit einem ebenso ausdrucksstarken „Guude!" Doch dann muss es auch gut sein, denn irgendwann ist einfach mal alles gesagt.

Alkohol:

Die meisten Einheimischen haben absolut unumstößliche Regeln, die sie auch fast immer einhalten. Getrunken wird nur, wenn die Tannen grün sind, ansonsten legt sich eine strikte Enthaltsamkeit über das kleine gallische Dorf.

Main:

Der Offenbacher ist lieber für sich und grenzt sein Reich gerne mit Hilfe von Hecken, Zäunen oder sogar Wasser von seinen direkten Nachbarn ab. Deshalb wurde vor vielen Jahren, im 14. Jahrhundert, in einen schon bestehenden Fluss namens Meyn aufgefangenes Regenwasser geleitet, um diesen deutlich zu vergrößern. Während andere ihrem Nachbarn gerne das Wasser abgraben, agieren wir umgekehrt. Wir unterstützen, wie und wo wir nur können, auch unsere gegenüberliegende kleine Filiale.

Frankfurt:

Anno 1372 wurde es den Offenbachern langweilig, denn Offenbach gab es schließlich schon immer, obgleich die erste urkundliche Erwähnung vom 12. April 977 datiert. Kaiser Otto II., bekennender Fan in spe vom noch zu gründenden Verein Kickers Offenbach, beurkundete die Schenkung des Markthauses an Ericus Münchus.

Aufgrund eines Überflusses an Tagesfreizeit sorgten die Offebescher mit ihrem Apfelweinumsatz dafür, dass Frankfurt zu einer reichen Stadt wurde, damals Reichsstadt genannt. Seit dieser Zeit erlebte Frankfurt einen unerwarteten Aufschwung und viele prominente Menschen sorgten dafür, dass die Zeitungen über diese Stadt berichteten. Stellvertretend hier nur einige Namen, die die Gazetten schmückten: Arthur Gatter (Serienmörder), der Frankfurter Kanalmörder Karl Hopf (Serienmörder), Vinzenz Fettmilch, Joschka Fischer oder Torwart Jan „Zimbo" Zimmermann, der übrigens ein gebürtiger Offenbacher ist.

Umgangssprache am Beispiel von „wallah":

Sowohl die Einheimischen als auch unsere türkischen oder arabischen Mitbürger aus Offenbach nutzen diesen Begriff, um die Ernsthaftigkeit der eigenen Aussage zu unterstreichen.

So wird diese Schwurformel vielfältig eingesetzt. Ein Beispiel für den korrekten Sprachgebrauch: „Horsche mal, mein Bub, unsern Kickers geheern eifach in die Bundesliescha und de Uffstiesch is sischer, wallah!"

Hier noch ein paar weitere Begriffe, deren „Zuhause in Offenbach wohnt":

Babo:
Boss, Anführer

Auf dein Nacken:
Du zahlst!

Auge gemacht:
Du hast das Pech/Unglück mit deinem Gerede heraufbeschworen. Beispiel: Gegen die verlieren wir doch sowieso – und schon ist derjenige, der diese Aussage getroffen hat, schuld an der jetzt sehr wahrscheinlich eintretenden Niederlage, denn er hat ja „Auge gemacht".

Automaten:
Manchmal sind dringende Bedürfnisse unaufschiebbar und da ist es von Vorteil, wenn das Objekt der Begierde auch in den Abendstunden und am Wochenende verfügbar ist. Deshalb gibt es in unserer fortschrittlichen Stadt auch CBD und Hanfprodukte aus dem Automaten. Tropfen, Öle, die aus der uralten Kulturpflanze Hanf gewonnen werden, erfreuen sich steigender Beliebtheit. Und Kultur ist halt einfach unser Ding.

Offenbacher Humor:

Etwa fünfhundert neue Bewerbungen landen beim Personalverantwortlichen einer großen Firma. Er nimmt ca. vierhundert Bewerbungen und wirft sie in den Mülleimer, schaut dabei seine Sekretärin an und sagt mit Blick auf die im Müll gelandeten Bewerbungsmappen: „Pech gehabt! Und Leute, die Pech haben, können wir einfach nicht gebrauchen."

Insekten:

Das wohl bekannteste Flugtier ist die „AB-Mick", die zumeist in unappetitlich riechenden Örtlichkeiten ihr Unwesen treibt.

Kneipp-Kur:

Diese medizinische Prophylaxe haben die Bewohner komplett in den Tagesablauf integriert. Es gibt rund um den Wilhelmsplatz eine große Auswahl an wunderbaren Kneipp-Anlagen. Eine der bekanntesten Anwendungen sind Kneippgüsse, wir Offenbacher nennen sie zärtlich „Schöppchen". Insgesamt steht die Vollwertkost im Vordergrund, wie zum Beispiel Gerstenkaltschalen und Hopfenblütentee. Auch soll auf beengendes Kleidungswerk verzichtet werden, dafür haben wir die lockere Bierkleidung eingeführt. Nach Beendigung eines mehrstündigen Kneippgangs bewegt sich der Anwender schwankend oder auf allen Vieren gelenkschonend in die heimatlichen Gefilde, mit dem wunderbaren Gefühl, alles Notwendige für die Gesundheit getan zu haben.

Wie Offenbach zu seinem Namen kam:

Es begab sich vor über 1.000 Jahren, lange vor der Gründung von Kickers Offenbach, dass sich in der Nähe des heutigen Wilhelmsplatzes ein altes Gasthaus befand. Der Inhaber hatte viele Gemeinden und Städte bereist, bevor er sich an diesem malerischen Platz niederließ. Jede seiner Reisen wurde durch kunstvolle Körperbemalungen dokumentiert, die mittels Tinte und Feder für die Ewigkeit in die Haut eingeritzt wurden. Er sollte ein Vorreiter für die heutige Tattoo-Szene werden. Der Ruf dieses Wirts namens Ericus Münchus war über die Grenzen des Mains hinaus bekannt. Meistens kam lustiges und vor allem trinkwütiges Volk in seine Gaststube.

Damals brachten die Gäste noch ihr eigenes Trinkgefäß mit zum fröhlichen Gelage. Viele konnten sich keinen Deckel leisten, um das Gefäß vor Insekten zu schützen. So tranken sie fröhlich und unbeschwert, meist aus einem offenen Becher. Ericus liebte sein Stammpublikum und nannte sie liebevoll seine Offe-

bescher, da diese Leute immer gerne das offene Trinkgefäß zum Nachfüllen hochhielten. Irgendwann belager-
te eine große Zahl von Zelten den Platz rund um dieses
ehemalige Markthaus. In einem solchen Moment schaute Ericus verträumt in die Runde und meinte zu seinen
Gästen: „Ich bin ein Offebescher – lasst uns eine Stadt
gründen." Und so geschah es.

Da im Laufe der Jahre festgestellt wurde, dass man
dieser Stadtgründung besser einen Hauch von Seriosität
verleihen sollte, entschloss man sich, den Begriff Offebescher ein wenig zu bearbeiten, sodass die Verbindung
mit dem beliebten Zuprosten nicht schon auf den ersten
Blick ersichtlich wurde. So wechselte der Name von
Offebescher zu Offenbacher. Was sich seitdem nicht
geändert hat, ist die Neigung der Wilhelmsplatzbesu-
cher, ihren Becher dem Wirt bei alkoholischen Geträn-
ken jeglicher Art entgegenzuhalten. So findet Nieder-
und Hochprozentiges immer zu 100 Prozent einen ver-
lässlichen Abnehmer. Ja, wir stehen halt auf Kultur und
„Brautum"!

Offenbachs Affinität zu den USA:
Viele Menschen ahnen überhaupt nicht, dass es einiges
gibt, was die Geschwisterstädte New York und Offenbach verbindet. Laut regionaler Presse gilt die Stadt

trotz zentraler Lage und der Nähe zur EZB als Bronx –
siehe den gleichnamigen Bezirk der US-amerikanischen
Stadt New York City – des Rhein-Main-Gebiets. Jetzt
mal ganz im Ernst: Wir Offenbacher werden in einem
Atemzug mit der ehemaligen Hauptstadt von Amerika
genannt. Jonas Bronck, der erste Siedler und auch Namensgeber der Bronx, soll übrigens in einer losen Urah-
nen-Verwandtschaftsbeziehung zum Offenbacher Namensgeber Ericus Münchus stehen. Dieses aus nicht
mehr identifizierbarer Quelle im Markthaus am Stamm-
tisch überlieferte Gerücht hält sich seit vielen Jahren
hartnäckig.

Übrigens haben die Hooters 1985 Jonas Bronck zu
Ehren einen eigenen Song geschrieben: Johnny B. Jahrelang fragte sich die Musikwelt, welche berühmte Person für das B stehen könnte.

Einige berühmte New Yorker haben auch schon eindeutige Statements zur kultigsten Stadt im Rhein-Main-
Gebiet abgegeben. Bei der Nennung von Offenbach
zeigte Lady Gaga tatsächlich ihr wahres Gesicht und
nicht ihr Pokerface. Charlie Sheen sehr angetan vom
Bembelboot und Whoopi versuchte gar, den Bieberer
Berg in Goldberg umzubenennen. Sogar Stallone wollte
hier gerne Sylvester feiern. Ben liebt es eher Stiller und
Woody sagte Allen, wie gern Kirk bei Douglas in Offen-

bach einkaufte. Für 50 Cent wohnte Paris zwar nicht im Hilton, aber immerhin im Achat Hotel. So haben sie alle eine mehr oder minder starke Bindung an die Stadt, die ihrer Heimat so verblüffend ähnlich ist.

In den 1960er-Jahren galt die Bronx als sozialer Brennpunkt, die Verbrechensrate war exorbitant hoch, der Genuss und Handel von Drogen an der Tagesordnung. Ob es sich um Diebstahl, vorrangig von Fahrzeugen, oder das Bilden von kriminellen Vereinigungen handelte, in diesem Stadtteil konnte man die komplette Bandbreite erleben. Damit kannst du keinem Offenbacher wirklich imponieren, das ist unser täglich Brot und wir praktizieren das in einer Vollendung, die ihresgleichen sucht. Somit haben wir wieder eine ganze Fülle von Gemeinsamkeiten, obgleich sich die beiden Städte auf unterschiedlichen Kontinenten befinden. Der aktuelle Bürgermeister, Bill de Blasio, hatte sich im Prinzip schon dafür entschieden, Offenbach zur Partnerstadt zu ernennen, doch da seine Amtszeit zu Ende geht, wollte er den neuen Kandidaten nicht vorgreifen. So wird sich die Angelegenheit rund um die enge Zusammenarbeit dieser Beinahe-Zwillingsstädte erst mit der kommenden Wahl im November entscheiden. Noch ist völlig offen, ob Eric Adams, Kathryn Garcia, Maya Wiley, allesamt bekennende OFC-Fans, oder andere Anwärter das Rennen für sich entscheiden. Alle verbindet, laut einem geheimen Informanten aus der Bauernschänke, eine große Sympathie mit der hessischen Stadt. Einerlei welche Kandidatin oder welcher Kandidat das Rennen am Ende machen wird, auf jeden Fall winkt der Person eine Ehrenmitgliedschaft beim OFC und dafür hat sich der ganze Wahlaufwand doch schon wieder gelohnt. Um den Beziehungen einen deutlichen Anschub zu geben, hat sich Kickers Offenbach entschlossen, den Kapitän des U19-Bundesligateams, Linus D., schon mal vorab in die USA zu entsenden. Dort soll er in der US-College-Liga mithelfen, die fußballerischen Fertigkeiten der Studenten auf höchstem Niveau weiterzuentwickeln. Eine großartige Geste der Offenbacher im Rahmen dieser freundschaftlichen Zusammenarbeit.

Bisherige Partnerstadt:

Zwischen der im Nordosten des indischen Subkontinents befindlichen Partnerstadt Bengalo und Offenbach sprühen im wahrsten Sinne des Wortes die Funken.

Kleiner Mann ganz groß:

Der Streichholzverkäufer Karl Winterkorn – „Streichholzkarlchen" genannt – ist ein Offenbacher Original. Viele Jahre zog er durch Offenbacher und Sachsenhäuser Apfelweinstuben, um in einem für ihn angenehmen Ambiente seine Streichhölzer zu verkaufen. Lokale Berühmtheit erlangte er durch seine geringe Körpergröße von nur 1,30 Meter und seinem von Weitem ersichtlichen Hang zur Adipositas. Er war nie um eine Antwort verlegen und erklärte jedem, der es wissen wollte, dass er von Beruf Holzhändler sei.

Übrigens kann ich an dieser Stelle berichten, dass unser Streichholzkarlchen auch in Frankfurt bekannt war wie ein bunter Hund. Als Karl Winterkorn eines Abends apfelweinbeseelt vor seinem Bembel saß, erzählte ihm der Wirt von einer Begebenheit, die sich tatsächlich zwischen den beiden Städten zugetragen hatte.

#Die Frankfurter Tafelrunde

Es begab sich mitten in einer hessischen Kleinstadt (Frankfurt), dass mehrere großartige Autoren eine Interessengemeinschaft bildeten, um sich auf höchstem intellektuellen Niveau auszutauschen. Einer aus dem Kreis hieß mit Vornamen Artur und schon allein dieser Name rechtfertigte seine Idee, die neue Gruppe in Anlehnung an König Artus in Form einer Tafelrunde zu gestalten. Zumal es ein durchaus erhabenes Gefühl sei, wenn sie alle am großen, runden Tisch säßen, entweder um sich über Literatur auszutauschen oder um gemeinsam das Essen einzunehmen.

Er platzte förmlich vor lauter Begeisterung, denn eine Tafelrunde von zehn Frankfurter Autoren, das hatte es noch nie gegeben. Da konnten sich die von der anderen Mainseite schon mal warm anziehen. Obwohl natürlich, wie jeder Frankfurter wusste, Witz, Charme, Intellekt und literarisches Geschick im Bereich Offenbach so gut wie nie anzutreffen waren.

Ja, die gegenseitigen Spitzen zwischen den beiden Städten zogen inzwischen immer größere Kreise. So

hatte ein Offenbacher Kriminalhauptkommissar namens Adi Hessberger böswillige Aussagen über den
Frankfurter Fußball getroffen. Er behauptete tatsächlich, dass in Offenbach erstklassiger Viertliga-Fußball
gespielt würde, während es bei der Frankfurter Ein-
tracht nur für viertklassigen Erstliga-Fußball reichte.
Hessberger schlug ein weiteres Mal in diese Kerbe, als
er behauptete, dass nur wenige auf beachtliche Laufleis-
tungen bei den Eintracht-Spielen kommen würden und
das wären die Dolmetscher am Seitenrand. Das brachte
das Fass endgültig zum Überlaufen.

Doch die Tafelrunde machte unbeirrt weiter. Schließlich gab es in ihrer Gruppe einzig und allein Frankfurter.
Nur Frankfurter? Niemand außer einem einzigen Mitglied wusste zunächst, dass hier das Schicksal schon
längst unbarmherzig zugeschlagen hatte. Durch einen
nicht zu verzeihenden Fehler des Vorsitzenden hatte
sich so ziemlich das Schlimmste ereignet, das man sich
in dieser Gruppe vorstellen konnte. Ein schwarzes
Schaf befand sich mitten unter ihnen. Dieser zwielichti-
ge Typ passte einfach nicht in ihren Kreis, denn er war
witzig, intelligent, megasympathisch, was man vielleicht
noch stillschweigend akzeptiert hätte, doch das Aller-
schlimmste war, dass er aus Offenbach kam. Die anderen neun machten gute Miene zum bösen Spiel und ta-

ten so, als wäre dieser Kerl tatsächlich willkommen, denn wer wollte schon fremdenfeindlich rüberkommen? Aber in der Realität war ihr Plan, ihn mit allen erlaubten und unerlaubten Mitteln loszuwerden. Kurzfristig verlegten sie Treffen, entschieden sich spontan für andere Örtlichkeiten und vergaßen dabei total unabsichtlich, dem neuen Kollegen rechtzeitig Bescheid zu sagen.

Allerdings ließ sich der Mann aus Offenbach nicht aus der Ruhe bringen oder gar aus der Reserve locken und schmiedete seinerseits einen perfiden Plan. Nachdem er wochenlang den Eindruck vermittelt hatte, kein Wässerchen trüben zu können, lud er einen aus der Gruppe zu einem harmlosen Abendessen ein. Der hätte prinzipiell skeptisch werden können, als schon beim Eintreten im Hintergrund leise eine Westernmelodie lief: „Spiel mir das Lied vom Tod". Doch der Gast widmete seine volle Aufmerksamkeit dem Handkäs-Auflauf, dessen Geruch einem das Wasser im Munde zusammenlaufen ließ. Die Kombination Handkäs mit Musik stellte sich wahrlich als tödliche Mischung heraus. Hinterlistig hatte der ungeliebte Autor vom falschen Ufer den Handkäs seines Kontrahenten mit Arsenaroma verfeinert, was dem Geschmack keinen Abbruch tat, den Kreis der Frankfurter Autoren aber zielführend schmälerte.

Beim nächsten Treffen mutmaßte man, dass dieses – bislang noch nicht vermisste – Mitglied nicht mehr bereit war, das faule Ei in ihrer Mitte weiter zu tolerieren und deswegen ohne weitere Rücksprache den Zirkel verlassen hätte.

Wochen später streckte der ungeliebte Autor ein weiteres Gruppenmitglied mit einer Replik des Offenbacher DFB-Pokals von 1970 nieder und ertränkte ihn anschließend in einem Fass Apfelwein.

Nachdem ein wenig Gras über das Verschwinden der beiden Kollegen gewachsen war, täuschte der listenreiche Offenbacher bei einem weiteren Opfer einen Selbstmord vor. Und so wurde ein Mitglied mit dem Kopf in einem Fleischwurstring in seiner Wohnung hängend aufgefunden. Dort fand man auch einen Brief mit seinen letzten Worten: „Diese Schande in unserem Kreis kann einem doch nicht wurscht sein!"

Somit wären sie dann nur noch zu siebt gewesen, wenn nicht ein weiterer Literat der Tafelrunde direkt vor dem Frankfurter Waldstadion mit einem „Schäufelchen" erschlagen worden wäre. Wer denkt, Offenbacher würden dieses Stadion nicht wertschätzen, liegt völlig falsch. Denn es ist immerhin die Stätte eines der vielleicht größten Kickers-Siege. Hier hat der OFC 6:0 gegen Bayern München gewonnen. Dieses Spiel bleibt den

OFC-Fans unvergessen, auch wenn es zugegebenermaßen schon ein paar Tage her ist.

Artur, Gründervater der Literatenrunde, bekam es langsam mit der Angst zu tun. „Meine Kollegen werden dahingemeuchelt – es muss dringend etwas passieren", dachte er. Natürlich hatte er längst das schwarze Schaf von der anderen Mainseite unter Verdacht. So lauerte er ihm eines Nachts am Mainufer auf, um ihn zu erledigen und anschließend in die Fluten zu werfen. Dabei sollte sich die landläufige Meinung, dass alle Offenbacher bewaffnet seien, bestätigen, denn bevor er sich versah, erhielt Artur einen Stich in die „Rippche" und so gab es statt eines befreiten Sonnenaufgangs am nächsten Tag einen mit Steinen beschwerten Mainuntergang in der Nacht.

Die halbierte Tafelrunde traute sich kaum noch, Witze über Offenbach zu erzählen, denn diese Todesarten schlugen ihnen auf den Magen. Ganz besonders galt das für das sechste Opfer, das, ohne es zu ahnen, praktisch schon in den Startlöchern stand. Keiner vermutete, dass ein berühmter Buchtitel so viel Wahrheit in sich tragen würde wie „Sauerkrautkoma". Doch mit Koma war es für das Opfer in spe leider nicht getan, denn der Kollege bekam Sauerkraut in den Schlund gestopft, bis er jämmerlich daran zugrunde ging. Es war sozusagen ein „krautsamer Tod".

So gingen der Frankfurter Tafelrunde die Mitglieder langsam, aber unaufhaltsam zur Neige. Mit ihrem Dahinscheiden verloren die Frankfurter ihren unangefochtenen Platz in der Weltliteratur an andere einflussreiche hessische Städte wie Dipperz oder Langgöns.

Der Nächste auf der Liste des Todesliteraten wurde durch einen gemeinen Trick in eine Offenbacher Fankneipe gelockt und ward fortan nie mehr in Frankfurt gesehen. Ob ihm etwas zugestoßen war, klärte sich leider nie auf, aber aufgrund der positiven Grundstimmung rund um den Bieberer Berg wird eher vermutet, dass er das Fanlager gewechselt und in Block 2 seine wahre Heimat gefunden habe.

Jetzt waren die Literaten nur noch zu dritt und jeder hatte Angst, der Nächste zu sein – bis auf einen. Nicht nur, dass sie ihre Freunde und Kameraden verloren hatten, was schon schlimm genug war. Nein, jetzt waren ihnen auch die Frankfurter Spezialitäten verleidet, da alle in einem Zusammenhang mit den Morden zu stehen schienen. Auch die übrigen Frankfurter merkten, wie die Stimmung in der eigenen Stadt umschlug, und so kam es zu einer großen Stadtflucht Richtung Offenbach. Dort war man auf diese Menge von Menschen aus der Nachbarstadt kaum vorbereitet, deshalb wurde innerhalb kürzester Zeit das Offenbacher Hafengebiet zu einem Auffangort für Flüchtlinge aus Frankfurt umgebaut.

Doch ein paar Unverdrossene blieben weiterhin ihrer Heimatstadt treu, so auch der drittletzte Tafelrundenteilnehmer. Zumindest blieb er seiner Stadt noch kurz treu, ehrlich gesagt sehr kurz. In einer der verlassenen Kneipen fand man ihn in den frühen Morgenstunden tot auf. Sein Kopf steckte in einem Riesen-Bembel fest und er war laut Obduktion in selbigem erstickt. Nur einer konnte sich erklären, wie es zu diesem tragischen Unfall gekommen war. Aber dieser eine erklärte es keinem. Jetzt waren die Verhältnisse in der Tafelrunde auf einmal ausgeglichen. Ein Offenbacher und ein aktuell noch lebender Frankfurter.

Dieser letzte Überlebende ertrank elendig, als er in einen großen Bottich mit „Grie Soß" fiel. Geschmacklich änderte sich dadurch an dem Produkt nicht allzu viel, auch wenn viele die Tat selbst als geschmacklos erachteten.

Bei den vielen Beerdigungen legte unser Offenbacher Autor jeweils aus Pietätsgründen einen Frankfurter Kranz auf die Gräber seiner ehemaligen Kollegen und betete still für die armen ums Leben Gekommenen.

Weil es schwer war, die richtigen Worte zu finden, standen am Grab sogar ein paar Bethmännchen mit gefalteten Händen. Zum anschließenden Leichenschmaus wurde in der Regel Kartoffelsalat mit Frankfurter Würstchen gereicht.

Seinen Kollegen zu Ehren gründete der letzte Verbliebene der Tafelrunde eine neue Abteilung des OFC-Sports, den allerersten Kickers-Kegelklub. Das neue Motto war schnell gefunden: Er nannte den Klub aus sentimentaler Verbundenheit zu seinen nicht mehr in Amt und Würden befindlichen Kollegen „ALLE NEUNE". Und es war ein ebenso erhabenes Gefühl wie damals in der Tafelrunde, alle Neune endgültig wegzuhauen.

Diese aus seriöser Quelle überlieferte Geschichte beruht auf einer erfundenen Begebenheit, und das entspricht tatsächlich der Wahrheit.

Schon wieder verfangen sich meine Gedanken in Reimform und dabei ist das passende Gedicht zur tragischen Geschichte über die dahingeschiedenen Frankfurter Autoren entstanden.

#Frankfurter Spezialitöten

Sie war einst in aller Munde,
die Autoren-Tafelrunde,
doch wie wir jetzt alle wissen:
Mancher hat ins Gras gebissen.
Und das ist auch nicht geheuchelt,
denn es wurde viel gemeuchelt.
Pistolen waren kaum vonnöten –
schuld waren Spezialitöten.

Rippche, Kraut und Grüne Soßen
können in zu großen Dosen
ohne Einsatz andrer Waffen
Autoren heftig niederraffen.

Sie liegen hinter einer Hecke,
die Poesie bleibt auf der Strecke.

Ob mit dem Schäufelchen erschlagen
oder einem Fleischwurstkragen,
am Ende zieht man dann Bilanz,
wenn der Frankenfurter Kranz
endlich seinen Einsatz kriegt,
indem er auf dem Grabe liegt.

Ja, es ist ein böser Fluch,
nie mehr schreiben sie ein Buch,
keine Worte, keine Zeilen,
weil die Wunden nicht mehr heilen.
Da gibt es einfach nichts zu sagen,
wenn mit dem Pokal erschlagen
oder grausam im Bembel erstickt –
die Autorenuhr dann nicht mehr tickt.

Drum richt' bei Büchern, Sport und
Schach
den Blick auch stets nach Offenbach,
denn selbst für die Autorenschar
droht von dort aus viel Gefahr,
wenn ein Autor, wie zuletzt,
den Offenbacher unterschätzt.

Und die Moral, ja, das stimmt echt:
Autoren geht es meistens schlecht,
drum beendet jetzt den Fluch,
geht in den Handel, kauft ein Buch!

… und noch ein Tafelrunden-Gedicht:

#Die Tafelrunde oder die Runde an der Tafel

Die runde Kunigunde
hatte stets was im Munde
und das zu jeder Stunde in jeder Runde.

Selbst Käthe, die das Buffet niedermähte,
frönte ohne Frust ihrer Fleischeslust.

Henriette ging niemals zu Bette,
nichts war im Lot ohne Abendbrot.

Grete, die nach dem Essen spähte,
kaum aufgetaut, da wars schon verdaut.

Hildegard war immer am Start,
sprach über Ekzeme – bei Schokocreme.

Sogar Brunhilde führt was im Schilde.
Gespräch ohne Worte, begleitet von Torte.

Mit dem Wissen, dass jeder Bissen,
so man schätzte, wäre der letzte.

#Kommt nicht in die Tüte

Noch immer hatte uns Corona fest im Griff und es galt, die Probleme zu lösen, die eine handelsübliche Quarantäne so mit sich bringt. Da es im ganzen Haus niemanden gab, der sich trotz des behördlichen Verbots zum Einkaufen rausschleichen wollte, haben sich Verwandte und Freunde erbarmt und uns mit Care-Paketen versorgt. So erhielten wir reichlich zu essen und zu trinken, bei völliger Bewegungseinschränkung. Ich muss es immer wieder sagen, bei meinem Körpergewicht kann man nicht nur essen, wenn man Hunger hat, da muss man sich halt auch mal zur Nahrungsaufnahme zwingen, auch wenn einem nicht danach ist. Auf jeden Fall wanderte ein schier unaufhörlicher Strom der leckersten Speisen in unser Haus und so war der Gedanke an eine von mir prognostizierte Hungersnot erst einmal gebannt.

Doch dann hatten wir immer noch das Problem mit unserem Labradoodle Emma. So ein- bis zweimal die Woche sollte sie schon die Gelegenheit haben, vor die Tür zu kommen. Bis dahin hatte ich das erledigt, zumindest morgens und abends. Das hatte mich in der Skala der beliebtesten Berufe deutlich auf den letzten Platz befördert. Es gibt kaum Jobs, die weniger Attraktivität ausstrahlen als der des gemeinen Exkrementensammlers. Wenn man öfter Gassi geht, reicht die kleine dunkelbraune handelsübliche Tüte aus, um die Hinterlassenschaft des Hundes zu beseitigen, obwohl manche Hunde in dieser Hinsicht Unglaubliches leisten. Dies ist sowohl auf die Größe als auch auf die akut auftretende Luftveränderung im Umkreis von mehreren Metern bezogen. Wenn sich die Anzahl der Spaziergänge allerdings auf ein Minimum beschränkt, empfiehlt es sich, immer einen großen blauen Sack mitzunehmen. Es ist fast so wie früher, als unsere Kinder noch klein waren. Da gab es von der Marke Pampers Windeln bis zu 25 Kilogramm. Da musste man nicht ständig wickeln, denn da hat noch tüchtig was reingepasst. Einmal im Monat die prallvollen Windeln wechseln, das war's dann 😉 Wir hatten auf jeden Fall das große Glück, dass Emma jeden frühen Vormittag von Hundeliebhabern aus unserem Freundeskreis abgeholt wurde, somit mussten wir nur noch den Abendspaziergang planen. Zu dieser Zeit gab es in Offenbach eine Ausgangssperre und niemand durfte nach 22:00 Uhr noch raus auf die Straße. Niemand? Ein paar kleine Ausnahmen gab es doch und dazu zählte auch der abendliche Spaziergang mit dem Hund. Jetzt erschien sie förmlich vor meinen Augen – eine neue Geschäftsidee: Hundeverleih während der Ausgangssperre! Dadurch konnte man einerseits die Familienkasse aufbessern, zumal ja auch alle Lesungen Corona zum Opfer fielen, andererseits war der abendliche Spaziergang unserer Hündin gesichert. Nur 10 € die Stunde, ein wahres Schnäppchen für 60 Minuten Freiheit. Zwei Dinge sorgten am Ende dafür, dass sich meine neue Geschäftsidee nicht amortisierte. Zum einen wurde die Ausgangssperre wieder aufgehoben, zum anderen hatten viele Hundebesitzer die gleiche Idee und so standen die Anlagen voll mit Menschen, die ihre Lieblinge entgeltlich feilboten. Somit war der Hunde-Prostitution Tür und Tor geöffnet!

#Scheißendreck over all

Wenn Hundehalter Gassi gehen
und plötzlich bleibt das Hündchen stehen,
will einfach nicht mehr weiterlaufen,
dann ist er nah, der Hundehaufen.

Und mancher stiehlt sich leis verschwiegen
davon und lässt den Haufen liegen,
obgleich er ahnt, was ihm dann blühte,
wenn er nicht tut das in die Tüte,
was am Boden ziemlich stört
und einfach nicht dort hingehört.

Auch ist es bös und voll gemein,
tritt plötzlich da ein Fremder rein,

beim friedlichen Spazierenlaufen,
patsch, rein in einen Hundehaufen.
Drum: Exkremente jeder Güte,
gehören in die braune Tüte!
Der Hund ist schuldlos – das ist Fakt,
der Halter ist es, der's verkackt.

#Wer schreibt, der bleibt

Da sich unsere gesellschaftlichen Kontakte während der Quarantäne im Nullbereich bewegten, bot diese freie Zeit genügend Raum, an dem noch lange nicht fertigen Manuskript zu arbeiten. Ich erinnere mich noch genau, wie viele Menschen mir vor ein paar Jahren erklärt hatten, dass es unmöglich sei, ein eigenes Buch zu schreiben, zumindest für einen Offenbacher. Viele von uns wüssten bestimmt noch gar nicht, dass es sich bei der Realschule nicht um die Berufsschule eines bekannten Lebensmittelkonzerns handelt. Warum traut uns Offenbachern niemand etwas zu?

Ach was, Sie trauen sich das zu? Sie haben schon immer geplant, schriftstellerisch tätig zu werden und ein Buch zu schreiben, nach dem Motto: „Mit dem, was ich erlebt habe, könnte ich ganze Bände füllen"? Tja, das denken Sie garantiert nur am Anfang, denn spätestens, wenn Seite 12 immer noch leer ist, stellen Sie womöglich fest, wie viele Ihrer unglaublich zahlreichen Erlebnisse auf 11 Seiten Platz finden. Und schon sind die Erlebnisse erzählt, aber das Buch ist noch lange nicht fertig. In der Regel werden Sie sich jetzt eine kleine schöpferische Pause gönnen, die sogenannte Schreibblockade. Leider kann diese bisweilen sehr lange dauern und in tragischen Fällen überlebt die Schreibblockade womöglich sogar den Schriftsteller.

Bitte denken Sie an dieser Stelle nicht einmal im Traum daran, dass Sie jetzt einen Leitfaden zur Erstellung eines eigenen Buchs in der Hand halten. Wenn überhaupt, dann einen „Leid-Faden", denn ich spreche nur von der Aufarbeitung meiner Erlebnisse, die sich rund um die Entstehung meines ersten Buchs ereignet haben. Natürlich steht es Ihnen frei, den einen oder anderen Fehler noch mal zu machen, wegzulassen oder möglicherweise professioneller an das Ganze heranzugehen.

Es bleibt Ihnen selbst überlassen, ob Sie an Ihrer Theorie „Mein Buch wird ein Bestseller" festhalten mögen, ich empfehle Ihnen, diese enthusiastische Sichtweise zu überdenken und vielleicht ein wenig bei den Kollegen der schreibenden Zunft nachzuforschen. Es ist erstaunlich, wie wenig Bestsellerautoren sich im eigenen Bekanntenkreis befinden, wie viele sich jedoch im gleichen Bekanntenkreis zum Schreiben eines Buchs berufen fühlen.

„Bub", sagte einst meine Frau Mama, „der Gottschalk hat doch auch ein Buch geschrieben und gut verkauft, da wirst du das wohl auch hinbekommen." Natürlich hat meine Mutter unterschätzt, dass der Bekanntheitsgrad von Thomas Gottschalk geringfügig höher als der meinige ist, aber was nicht ist, kann ja noch werden. Träum weiter!

Die Menschen wollen Dinge lesen, die von Prominenten geschrieben wurden. Entweder von einem bekannten Schriftsteller oder einer in der Öffentlichkeit stehenden Person. Da ist es auch unerheblich, ob der Promi sein Buch selbst geschrieben oder in Auftrag gegeben hat. Nicht jeder Mann oder jede Frau verfügt über die Fähigkeiten, Geschehnisse verbal in Bilder zu pressen wie beispielsweise Pietro Lombardi. Es ist unvorstellbar, wie sich die persönliche Ausdrucksweise des ehemaligen DSDS-Gewinners fast eins zu eins im geschriebenen Manuskript wiederfindet. Die Welt hat viel zu wenige Wortakrobaten solcher Güte. Heinz Erhard konnte ihm vielleicht noch das Wasser reichen, dieser legte seinen Schwerpunkt nicht nur auf die Mitte seines Körpers, nein, auch auf Gedichte. Jetzt wird die Enttäuschung bei Ihnen, liebe Leser, vielleicht überwiegen, denn die folgenden Verse kommen aus der Feder eines waschechten Offenbachers, der meistens schon früh aus den Federn steigt. Los geht es mit drei Gedichten über das Autorenleid.

#Schreibblockade

Ein leeres Blatt – du sitzt davor,
der Input fehlt dem Buchautor.
Die Worte fließen nicht – wie schade,
schon wieder eine Schreibblockade,
in der du mittendrin schon steckst,
dir fehlt das Wort – dir fehlt der Text.
Auch keine zündenden Gedanken,
um die sich dann Geschichten ranken.
In deinem Kopf da herrscht nur Schwere
und auf dem Blatt die große Leere.
Autorentum hat seinen Preis
und dein Blatt bleibt weiter weiß.

#Altpapier

An Verlage gewendet,
Manuskript eingesendet,
nur wenig Glück,
denn nichts kam zurück.

Viele Seiten geschrieben,
die ungelesen blieben,
doch was hilft das Klagen
gegenüber Verlagen.

Dein Werk landet hier
meist im Altpapier
und was hast du getippt
an dem Manuskript,
gar Seiten und Bände,
doch fehlts Happy-Ende.

#Der Verlag

An einem schönen Sommertag
gab ich mein Buch ab im Verlag.
Dort hat sich leider nichts bewegt,
denn der Verlag hat's wohl verlegt.

Und auch nach Tagen und Stunden
nicht wiedergefunden.
Ging nie an den Start,
auch kein Lektorat.

#Die fünf Denkfehler eines Autors

1. Verlage warten alle auf mich und mein Manuskript
2. Es kann ja wohl kein Problem sein, ein paar Seiten zu Papier zu bringen
3. Die Zeitungen werden sich um mich reißen
4. Es wird doch wohl jeder meiner Bekannten ein Buch kaufen
5. Von der verdienten Kohle kaufe ich mir …

Aktuell warten wir sehnsüchtig, dass diese Pandemie endlich vorbeigeht. Doch auch danach werden wir uns gedulden müssen, denn vor allem Autoren leben praktisch in einer Warteschleife und leider haben Verlage weder auf Sie noch auf mich gewartet. Im Gegenteil, wir hoffen darauf, dass sich irgendwann mal irgendwer zurückmeldet. Wahrscheinlich nur der Aushilfspraktikant, der uns mitteilt, warum es für eine Autorenkarriere leider nicht gereicht hat.

Doch schon der Start ist nicht ganz so trivial. Ob es Ihnen zum Beispiel schwerfällt, die eine oder andere Seite mit Ihren Erlebnissen oder gar Fantasien zu füllen, wird sich während des Schreibvorgangs zeigen, aber vielleicht sollten Sie eine nicht allzu optimistische Herangehensweise vorziehen.

Hat es dann doch geklappt mit der Veröffentlichung des ersten Buchs, und sei es als Selbst-Verleger, rückt schon das nächste Ziel in den Blick: Presse und andere Medien sollen Ihr Erstlingswerk gebührend feiern. Aber es gilt zu bedenken, dass bisher nur Sie und die Familie über den literarischen Wert Ihres Buchs Bescheid wissen. Möglicherweise ahnt der Journalist da draußen nicht, welches Meisterwerk nach Werbung schreit. Nun kann es sein, dass der ausgewiesene Pressefachmann die Bedeutung des achtzehnten Platzes eines Gelbflügels bei der lokalen Wellensittich-Schau deutlich höher einschätzt als Ihren vermeintlichen Spiegel-Bestseller in spe. Der Wellensittich ist immerhin schon Achtzehnter, aber was können Sie vorweisen? Eventuell sind es bisher acht online verkaufte Bücher, womit wahrscheinlich schon der 1.278.356 Platz im Onlineranking bei Amazon erreicht wurde. Respekt dafür – aber reicht das für den Berichterstatter schon aus? Doch Sie können sicher sein, dass mit jedem verkauften Buch Ihre Chancen der Vermarktung steigen.

Allein die Tatsache, dass alle Ihre Nachbarn, Freunde und Bekannten ein Buch kaufen wollen, wird die Nachfrage deutlich ankurbeln. Doch die Wahrheit ist, nicht jeder, der von Ihrem Vorhaben, ein Buch zu schreiben, total begeistert schien, kauft Ihnen nachher auch eines ab. Sie werden erstaunt sein, wie wenig Menschen sich daran erinnern können, dass sie im Vorfeld versprochen hatten, Sie immer zu unterstützen, Werbung zu machen oder gar Ihre Werke käuflich zu erwerben. Da stehen Sie also mit einer nicht unerheblichen Anzahl an Büchern, von denen Sie viele schon als verkauft betrachtet haben, aber zu Ihrem persönlichen Pech leiden Ihre potenziellen Abnehmer unter einer weit verbreiteten Kaufamnesie. Und genau in diesem Augenblick tritt beim Autor die Druckreue auf, denn plötzlich wird man sich der Tatsache bewusst, dass auch ein Viertel der Menge an gedruckten Büchern bei Weitem ausgereicht hätte. Und so entsteht schnell die räumliche Situation, in der nicht die Bücher in die Regale kommen, sondern die Regale aus Büchern bestehen.

In der Regel können Sie relativ sicher sein, dass Sie genug Bücher besitzen, um den Markt zu sättigen, weil wahrscheinlich keine oder zumindest nur wenig Nachfrage nach Ihrem künftigen Bestseller besteht. Man könnte fast schon von einer Übersättigung des Markts sprechen, wenn Sie 10 Bücher gedruckt haben, aber leider nur Nachfrage für ein Buch besteht. Sozusagen eine mehrfache Übersättigung des Markts.

Die im Vorfeld getroffenen Überlegungen, was Sie mit der verdienten Kohle alles zu tun beabsichtigen, dürfen Sie getrost als hinfällig betrachten. Wenn Sie viel Glück haben, müssen Sie nicht allzu viel drauflegen, um Ihren Traum vom eigenen Buch wahr werden zu lassen. Die Realität wird so aussehen, dass Sie sich fragen werden: Wie viel von meinem Geld, das ich mit einem richtigen Job verdient habe, muss ich in mein Projekt „eigenes Buch" stecken?

Beim Geldverdienen können Sie es analog zur Damenwelt am Abend halten – einfach abschminken. Das erste Buch ist eher wie ein Dreier im Lotto.

#Dornröschen

Manchmal hatte ich das komische Gefühl, dass der Vernichtungsvorgang bei einigen Verlagen an erster Stelle steht. Es ist zweifelsohne extrem viel günstiger, statt eine Lektoratsabteilung zu unterhalten, einfach nur einen Altpapiercontainer aufzustellen.

In der verzweifelten Lage eines Neuautors greift man natürlich intuitiv nach jedem Strohhalm und neigt dazu, Dinge zu glauben, die einfach nicht realistisch sind.

Als ich anfing, mein Manuskript an eine Vielzahl von Verlagen zu versenden, glaubte ich natürlich, dass bei 80 Anschreiben an Verlage wenigstens zwei bis drei interessiert sein könnten. Doch weit gefehlt, denn die Null stand, fast wie bei den Heimspielen meiner Lieblingsfußballmannschaft Kickers Offenbach. Nein, so ganz stimmt das natürlich nicht, denn es gab sogar verheißungsvolle Antworten. So schrieb zum Beispiel ein Verlag sehr freundliche, einfühlsame und persönliche Worte: „Sehr geehrte Damen und Herren, hiermit bestätigen wir den Eingang Ihres Manuskriptes. Aufgrund der Vielzahl von unverlangt eingesendeten Unterlagen kann es drei bis sechs Monate dauern, bis Sie wieder von uns hören. Sollten wir uns innerhalb dieser Frist nicht melden, betrachten Sie die Anfrage bitte als abgelehnt. Eine Rücksendung der Unterlagen erfolgt in der Regel nicht, denn die Unterlagen werden von uns vernichtet.

Mit freundlichen Grüßen

das Lektorat"

Bei dieser Art von Motivationsschub ist gewährleistet, dass ein Nachwuchs-Autor durch diesen Ansporn noch mehr Manuskripte versendet. Jetzt fragen Sie sich sicher, warum eine positive Grundstimmung erzeugt wird. Ganz einfach – selbst eine im Grunde genommen lapidare Eingangsbestätigung wird in den Kreisen von sogenannten Debütanten durchaus wertgeschätzt. Es kann nämlich auch passieren, dass selbst eine einfache, unpersönliche Eingangsbestätigung unterbleibt.

Da gab es einmal einen Autor, der sein Manuskript an über 100 Verlage verschickt hatte und dann jeden Tag auf den Postboten wartete und sich auf die Verlagsantworten freute. Der Postbote kam natürlich verlässlich jeden Tag, nur leider keine Antwort von den Verlagen, zumindest keine positive. Mit der Zeit wuchs eine Dornenhecke um seinen Briefkasten und es sollte viele, viele Jahre dauern, bis eine Verlegerin die Dornenhecke durchbrach ... Falsches Märchen, aber ähnlich lange kann es dauern, bis sich ein Verlag erbarmt, Ihren vermeintlichen Bestseller wenigstens dem Praktikanten zum Lesen zu geben.

Der nächste Schritt wäre es, Ihr Werk in die engere Auswahl zu nehmen, doch leider wird das in etwa 108,7 % der Fälle nachweislich nichts. Das klingt nicht nur unromantisch ...

Ihr mit viel Herzblut erstelltes Manuskript erhält meistens vom Verlag das Prädikat „Ungelesen und dennoch nicht für gut genug befunden".

#Hannibal Lecter versus Lektor?

Vielleicht haben Sie sich bisher noch nie mit der Frage auseinandergesetzt, was Herr Lecter und Herr oder Frau Lektor an Gemeinsamkeiten haben, deshalb hier einige kleine Anmerkungen von meiner Seite. Nicht nur, dass beides ähnlich ausgesprochen wird, es gibt auch noch eine weitere Gemeinsamkeit: Beide können grausam sein. Hannibal Lecter verstümmelt Menschen, der Lektor Ihren vermeintlichen Bestseller. Ersteres ist tödlich für die Opfer, Zweiteres ist tödlich für das verbliebene Rest-Ego des Autors. Irgendwie habe ich erst jetzt, während der Ausgangssperre, endlich die Muße, mich an meine erste Begegnung mit dem Lektorat zurückzuerinnern ...

Ich weiß nicht, ob Sie schon einmal mit einem Lektor oder einer Lektorin zu tun hatten, aber ich kann Ihnen an dieser Stelle versichern, es übertrifft garantiert alle Ihre Erwartungen. Da zu meinem bisherigen Freundeskreis keine Angehörigen dieser Zunft gehörten, fragte ich einfach einen Bekannten, ob er denn einen entsprechenden Spezialisten kenne. Manchmal macht es Sinn, auf die Empfehlung eines Dritten zu hören, manchmal aber auch nicht …

Das im Anschluss geführte Telefonat mit meiner Rechtschreibungsüberprüferin in spe gestaltete sich etwas zäh und ich hatte nicht zwingend das Gefühl, es könnte sich eine dauerhafte Beziehung zwischen uns anbahnen. Dazu kamen noch weitere Zweifel, da ich ja von meinem Werk restlos überzeugt war, während meine mögliche Vertragspartnerin erst einmal ausgiebig prüfen wollte, ob das Manuskript etwas taugt. Dieser von ihr nur partiell ausstrahlende Grundoptimismus führte nun auch nicht dazu, dass meine bis dato nur wenig vorhandene Sympathie ihr gegenüber zunahm. So kam es dann auch wie es kommen musste und ich teilte ihr Folgendes mit: „Leider muss ich Ihnen absagen, denn mein Buch ist ironisch und Sie sind es nicht."

Diese Empfindung teilte meine zukünftige Ex-Lektorin nicht, denn sie empfand sich sehr wohl als ironisch – und zusätzlich als beleidigt. Aber ich hatte nun mal vom Feeling her kein gutes Gefühl und außerdem gab es irgendwo in dieser Galaxie sicher Alternativen.

So kam es, dass ich mich auf die Suche begab, ohne zu ahnen, dass die Lösung oft näher liegt, als man denkt. „Warum in die Ferne schweifen, wenn der Lektor ist so nah?" Nur konnte ich das zu diesem Zeitpunkt noch nicht wissen, und so ging ich auf die Suche nach kundigem Fachpersonal, das meine orthografischen Ergüsse in die richtige Form bringen sollte. Ich saß also zu Hause vor meinem Computer und gab in die Suchmaschine folgenden Text ein: „Lektor Rheinmaingebiet". Per Knopfdruck erschien eine stattliche Liste von Dienstleistern, die alle bereit waren, entgeltlich die Versäumnisse meiner Schulzeit zu begradigen. Schon mein erstes Telefonat begann verheißungsvoll, denn meine Gesprächspartnerin zeigte sich sehr interessiert an meinen Unterlagen und wollte sich gleich einen Einblick verschaffen. Noch während unseres Telefonats warf sie einen Blick auf meine eigens für das Buch eingerichtete Homepage. Aufgrund der dort hinterlegten Kontaktinformationen – als Eigenverleger müssen Sie Ihre komplette Adresse angeben – fragte sie, ob ich denn einen Hund namens Emma hätte. Dies verblüffte mich zugegebenermaßen und veranlasste mich, noch einmal meine Internetanfrage zu überfliegen. Aber ich hatte tatsächlich Lektor eingegeben und nicht Wahrsagerin. Wie sich herausstellte, wohnte meine Lektorin nur einige hundert Meter von uns entfernt und da sie selbst einen Hund hatte, war sie schon des Öfteren mit meiner Frau von Hundefreundin zu Hundefreundin ins Gespräch gekommen. Autorenherz, was willst du mehr? Eine sympathische Lektorin mit Sinn für Ironie und dann noch aus der Nachbarschaft, besser konnte ich es nicht treffen, zumal die räumliche Nähe sich ja geradezu anbot, auch mal auf dem kurzen Dienstweg Dinge persönlich zu klären. Witzigerweise stand ich während meines Erstlingswerks ständig in Kontakt mit ihr, aber wir haben uns nie persönlich getroffen, sondern nur per Telefon und Computer kommuniziert. Wäre meine Lektorin direkt an mir vorbeigegangen, hätte ich sie wahrscheinlich nicht erkannt, dafür trifft meine Frau sie hin und wieder beim Gassigehen mit unserem Hund.

Doch dann kam die Stunde der Wahrheit. Schon beim Probelektorat eines Kapitels, das sie mir zur Entscheidungsfindung anbot, erschien vor meinen Augen Hannibal Lecter, denn als ich die Datei für das korrigierte Kapitel am Computer öffnete, drückte ich vor Schreck gleich wieder auf „Schließen".

Es ist sehr schwer, der Wahrheit über die eigene Orthografie ins Gesicht zu sehen. Bis zu diesem Zeitpunkt dachte ich, dass Rot die Farbe der Liebe sei, doch weit gefehlt. Die Wahrheit lautet: Rot ist die Farbe von Blut oder des lektorierten Manuskripts.

Ich muss an dieser Stelle zugeben, dass ein bisschen weniger Rot aus meiner Sicht deutlich erfreulicher ausgesehen hätte. Aber nun galt es, sich den eigenen Unzulänglichkeiten und der orthografischen Wahrheit zu stellen. Hier muss ich meine Lektorin sehr loben, denn sie schaffte es, mich relativ schnell zu beruhigen. Nein, nein, ganz so schlecht wären meine Rechtschreibkenntnisse nun auch wieder nicht. Aber ganz zufrieden war sie mit meinen gezeigten Leistungen nicht und in diesem Zusammenhang nannte sie mich einen „**Freigeist der Interpunktion**". Freigeist? Klang toll! Und es stimmt schon, dass ich oftmals meine Kommasetzung meiner Atemtechnik angepasst habe. Wenn einem beim Lesen des eigenen Textes kurz die Luft ausgeht, kommt ein Komma. Mit dieser Faustregel, die ich seit meiner Schulzeit verinnerlicht hatte, war ich bislang eigentlich immer ganz gut gefahren. Das ging natürlich nur so lange gut, bis die Lektorin in mein Leben trat. Jetzt bekam ich zu hören, dass die Anzahl der von mir gesetzten Kommas – und schon funkte sie wieder dazwischen: Kommata müsse es heißen – rein mathematisch durchaus in Ordnung schien, wogegen es aber eindeutige Diskussionen über den Standort derselben gab.

Und ab diesem Zeitpunkt sagte mir nicht nur meine Frau, was besser für mich sei, sondern zusätzlich auch noch meine Lektorin.

#Alte Pflegerin

Doch nicht genug, dass mein Leben durch eine stattliche Zahl von Nichtkäufern meiner Bücher, mit blutiger Tinte korrigierenden Lektoren und einen auf Abgabefristen bestehenden Verleger bereichert wurde, nein, jetzt trat noch eine weitere Berufsgruppe in unser Leben. Aufgrund eines plötzlich eintretenden Pflegefalls innerhalb der Familie benötigten wir Unterstützung. Nach einem bürokratischen Marathonlauf erschien sie plötzlich bei uns zu Hause – wie Phönix aus der Asche: Yolante – die unglaublich stressbefreite Altenpflegerin der Spitzenklasse, so beschrieb sie zumindest ihr aktueller Arbeitgeber. Aber es ist nicht zu fassen, wie wenig das beste Pferd im Stall tatsächlich zustande brachte. Am Ende war es so wenig, dass sich beinahe ihre Ankunft und die ungeplante Abreise überschnitten hätten. Gleich bei ihrem Eintreffen würde sie sich bestimmt mit ihrem neuen Patienten bekannt machen wollen, dachten wir zumindest. Doch Yolante klärte lieber erst die wichtigsten Dinge ab, bevor es an die Nebensächlichkeiten ging. Sie sprach lupenreines Deutsch, wobei man vielleicht ein wenig relativieren muss. Das Wort WLAN-Schlüssel konnte sie lupenrein aussprechen, immerhin ein kleiner Anfangserfolg. Wie selbstverständlich schaute sie auf die Vielzahl der Gepäckstücke, die im Flur standen und gab mir mit dieser kaum wahrnehmbaren Geste zu verstehen, dass ich alle Koffer doch schnell mal die Treppen hochtragen solle. Kennen Sie das eigentlich auch, wenn jemand partout seine geliebte Amboss-Sammlung immer dabeihaben möchte? Nach der zehnten Stufe machte sich mein Rücken so langsam bemerkbar, aber ich biss die Zähne zusammen, denn es ist unglaublich schwer, heutzutage gutes Personal zu bekommen. Nachdem ich zum vierten Mal mit jeweils einem Überseekoffer schwankend nach oben gelaufen war, ließ ich unsere neue Allzweckwaffe erst einmal ein paar Minuten allein. Nach einer Stunde klopfte ich zaghaft an ihre Tür, aber es rührte sich nichts, nur ein dezentes Geräusch im Hintergrund von etwa 75 Dezibel vermittelte den Eindruck, Yolante würde schlafen.

Nun gut, die Dame hat schließlich die Reisestrapazen der über einstündigen Anreise auf sich genommen und morgen ist ja auch noch ein Tag.

Auf dem Papier schien die Dame aus Litauen die Lösung für alle unsere Probleme zu sein, bis sich herausstellte, dass erstens Papier sehr geduldig und zweitens die Lösung das nächste Problem war. Nein, leider war es der selbsternannten Fachkraft nicht möglich, schwer zu heben, was natürlich bei Pflegebedürftigen durchaus von Vorteil wäre. Die wenigsten Patienten schaffen es, alle Dinge selbst zu erledigen, weshalb man schließlich eine Pflegerin eingestellt hatte. Tatsächlich bezieht sich der Ausdruck „Pflege" mehr auf den Patienten als auf die Fachkraft. Unsere Fachkraft gab sich hier selbst einen sehr weiten Interpretationsrahmen und bezog den Wortlaut wohl eher auf die Pflege des eigenen Körpers. Weiterhin litt unsere Problemlöserin an einer nicht unerheblichen Anzahl von Allergien, wie zum Beispiel gegen Latex. Nein, nicht was Sie jetzt vielleicht denken mögen, die Gummihandschuhe sind gemeint.

Nachts wollte die Gute nicht gestört werden. Den Gedanken, ein Babyphon bei ihr aufzustellen, schob sie sofort beiseite, denn bei ihrem leichten Schlaf würde sie am Ende durch die entstehenden Geräusche geweckt werden. Ich schaute meine Frau sprachlos an, denn das war wahrhaftig unser hinterlistiger Plan gewesen. Durch die Geräusche sollte die Pflegerin animiert werden, nach dem Kranken zu schauen. Doch Yolante durchschaute unser Ansinnen und beabsichtigte stattdessen, tief und fest zu schlafen. Am nächsten Morgen wachte sie erholt und gut gelaunt auf, während wir etwas müde wirkten. Das mag daran gelegen haben, dass wir uns um den verwaisten Patienten kümmern mussten. Natürlich wissen wir, dass die Vielzahl aller Pflegekräfte einen großartigen Job macht, doch es gibt leider auch Ausnahmen – Yolante! Mit den Worten, dass wir zwar nicht wüssten, wie wir ab morgen ohne ihre tatenlose Unterstützung auskommen sollten, es aber schon heute ausprobieren wollten, endete diese kurze Episode. Fortan habe ich die Bezeichnung „Kurzzeitpflege" unter einem ganz neuen Blickwinkel betrachtet. Aber noch wollten wir nicht aufgeben und suchten diesmal eine Person, die ein wenig länger bei uns verweilen möge, also Minimum zwei bis drei Tage.

#Neulich im Offenbacher Bürgerbüro

Doch nicht nur die Pflegesituation beschäftigte uns, sondern auch das Thema Behördengänge während der herrschenden Pandemie. Es ist schon verblüffend, wie schnell man heutzutage, ohne aus dem Haus zu gehen, wichtige Dinge erledigen kann. Ich benötigte eine amtliche Bescheinigung und wollte deshalb einen Termin bei der Stadt vereinbaren.

Dort wurde ich aufgefordert, mein Anliegen bitte online zu erledigen, da die Stadt Offenbach sich seit Kurzem auf einem unaufhaltsam fortschreitenden Digitalisierungsvormarsch befand und zusätzlich aufgrund von Corona ein persönliches Erscheinen möglichst vermieden werden sollte. Dennoch schien es mir sicherer, meine Wünsche persönlich und vor Ort zu äußern, doch zu diesem Zeitpunkt hatte ich noch nicht mit der ausgefeilten Technik des Portals für Verabredungen mit der Stadt gerechnet. Nachdem ich einen Terminwunsch genannt hatte, musste ich noch den Grund meiner Anfrage auswählen. Als ich das getan hatte, wurde ich auf einen Link verwiesen, der es mir ermöglichen sollte, alles online zu erledigen. Als ich mich auf der entsprechenden Seite befand, fragte man mich nach meinem elektronischen Personalausweis mit einem dafür vorgesehenen Code. Dieser lag mir aber leider nicht vor, weshalb ich auf eine Seite verwiesen wurde, auf der man einen persönlichen Termin vereinbaren konnte. Also gab ich wieder meinen Wunschtermin ein und prompt folgte die obligatorische Frage nach meinem Anliegen … Schwupp, war ich wieder bei der Online-Abwicklung.

Plötzlich gelang es mir, dieses perfide System auszutricksen. Auf einmal war keine Rede mehr von einem Code oder einem elektronischen Dokument. „Na also“, dachte ich, „geht doch!“

Jetzt sollte ich mittels eines Lese- und Eingabegeräts meine Daten eingeben. Zu meinem persönlichen Pech verfüge ich aber nicht über einen solchen Apparat. Glücklicherweise stand dort zu lesen, was zu tun sei, um an dieses Gerät zu kommen. Hierzu benötigt man nur einen persönlichen Termin beim Bürgerbüro …

Zuletzt blieb mir nichts übrig, als meinen Online-Termin per Fax zu vereinbaren. Ich bekam zwei Terminvorschläge, falls einer nicht passen sollte. Donnerstag, 10:40 Uhr, und als Alternative am gleichen Tag

10:50 Uhr. Nachdem ich eine Weile hin und her überlegt hatte, schien mir 10:40 Uhr am besten geeignet.

Im Bürgerbüro herrschte buntes Treiben und mir vermittelte sich der Eindruck, dass es sich um ein Treffen der Zorro-Fangemeinschaft handeln musste, denn alle waren maskiert. Noch wenige Monate vorher wäre die ganze Versammlung wegen eines Verstoßes gegen das Vermummungsverbot verhaftet worden, und jetzt wurde der Einzige nicht Vermummte des Saales verwiesen. Krass, wie sich die Zeiten und Regeln ändern.

Vor allem die Brillenträger taten sich durchaus schwer, mit ihren angelaufenen Gläsern nicht gegen die transparenten Durchgangstüren zu rennen. Ein Bataillon vor Ort befindlicher Krankenschwestern sorgte im Bedarfsfall dafür, dass kleinere Schnittwunden sofort behandelt wurden.

Trotzdem kann so eine Maske, vollflächig getragen, den Gesamteindruck einiger Personen durchaus positiv verbessern. Jetzt waren nur noch Haare, sofern vorhanden, und die Augen zu sehen. Das macht aus manchem schlecht aussehenden jungen Mann auf einmal einen schlecht aussehenden jungen Mann mit Maske.

Da wir Offenbacher bekanntlich kein lupenreines Hochdeutsch sprechen beziehungsweise uns wenig bis gar nicht auf Deutsch verständigen können, macht ein

Mund-Nasen-Schutz vor dem Gesicht die persönliche Kommunikation zwischen Sachbearbeiter und Kunde auch nicht einfacher. Für den Empfangsmitarbeiter ist es aufgrund vieler vom Wortlaut ähnlicher Sprachen, wie zum Beispiel Hessisch, Arabisch oder Türkisch, nicht einfach, herauszuhören, was der ihm Gegenüberstehende genau sagen möchte, zumal die Aussprache durch eine sich teilweise im Mundinneren befindliche Maske erheblich verwaschen klingen kann.

So verschlucken manche Offenbach-Araber die erste Silbe eines Grußworts und sagen statt: „As-salama-laykom" nur „salam alaykom". Wenn jetzt der nicht in der arabischen Welt beheimatete Offenbacher die Frage stellt: „Soll isch allei komm?", dann kann dies schon mal zu leichten Verwirrungen führen. Dieses hätte der Sachbearbeiter in einem fernen Leben vor Corona durch einen Blick in das Gesicht des Sprechers ausräumen können, doch bei dem jetzt herrschenden Vermummungsgebot ist ihm das nicht mehr möglich. So entsteht aufgrund der mangelhaften Verständigung die eine oder andere Verwechslung. Es soll eine komplette, seit sechs Generationen in Offenbach-Bieber beheimatete Familie ausgewiesen worden sein, während ein vierzehnjähriger Kongolese freudig seinen Fahrzeugführerschein entgegennehmen durfte. Des einen Freud, des anderen Leid, am Ende gleicht es sich doch immer irgendwie aus.

Auf jeden Fall wird hier deutlich, dass die vielfältigen Nationalitäten und Sprachen sich im beschaulichen Offenbach immer weiter annähern und somit eine Gemeinschaft vieler Länder auf einem relativ kleinen Gebiet friedlich miteinander auskommt.

Doch nicht in jedem Bereich der städtischen Ämter ist es so friedlich, denn ich fühlte mich seitens der Behörden ein wenig ausgenutzt. Da arbeitet man einen ganzen Monat für seinen Arbeitgeber, steht im Stau auf dem Weg zur Arbeit und wenn es dann ans Auszahlen geht, meldet sich auf einmal eine Stimme aus dem Hintergrund, greift mit knochigen Fingern nach deinem Geld und sagt: „Wir machen halbe-halbe!"

Möglicherweise hat dieser Umstand deutlich zu meiner schlechten Laune beigetragen. Nachdem ich schon seit vielen Jahren Mitglied dieser aus meiner Sicht entbehrlichen Vereinigung bin, wollte ich jetzt endlich den entscheidenden Schritt vollziehen, um zukünftig mehr Einfluss auf meine Einnahmen zu nehmen. Doch dann wurde mir ein Strich durch die Rechnung gemacht, als mein förmlicher und persönlicher Austrittsantrag beim hiesigen Offenbacher Finanzamt mit fadenscheiniger Begründung abgelehnt wurde. Man könne schließlich nicht auf mich verzichten, da ich die Arbeitsplätze mehrerer Steuerbeamter seit Jahren finanzieren und am Leben erhalten würde. Auf meine Frage, ob er sein Personal aus Transsilvanien einfliegen würde, denn dort sind ja die meisten Blutsauger zu Hause, meinte er, ich solle nicht so respektlos über seine Beamten sprechen, diese wären schließlich das Gerüst der Gesellschaft. Vermutlich meinte er Skelett.

Ich werde mich auf jeden Fall nie daran gewöhnen, dass Menschen davon leben, was andere sich schwer erarbeitet haben. Mit den Worten: „Wir zählen auch zukünftig auf Sie und Ihre Einnahmen", verabschiedete mich der Leiter der Behörde. Damit war meine lebenslange Mitgliedschaft endgültig besiegelt, obgleich das so nicht korrekt ist, denn diese Verbindung ist auch über den Tod hinaus geknüpft und endet erst, wenn auch noch der letzte Cent der Erbschaftssteuer entrichtet wurde. Deswegen ist es so wichtig, das Geld vorher schon auszugeben, zum Beispiel für einen Junggesellenabschied.

#Junggesellenabschied über 50

Manchmal laufen Dinge ganz anders als geplant, wodurch Gefahrensituationen entstehen können, beispielsweise durch Aprikosen, deren Ursprungszustand heimtückisch durch die Industrie manipuliert wurde. Aber der Reihe nach.

Unser Fahrradtourenplaner, bekannt durch seine herausragende Rolle in meiner Realsatire: „Der Sattel im Speckmantel", überraschte alle mit einer aktuellen Nachricht. Nachdem er uns jahrelang bei jedem Radlertreffen mehrfach folgenden Satz präsentiert hatte: „Ich heirate nie wieder, ich heirate nie wieder, nie wieder heirate ich – Punkt!", kamen folgende, für uns erst mal unverständliche Laute aus seinem Mund: „Übrigens, Jungs, ich heirate."

Da wir alle spontanen Gags gegenüber sehr aufgeschlossen sind, löste dies einen heftigen Heiterkeitsanfall aus. „Richtig gut", „Mörderwitz", „Da hast du aber einen rausgehauen", so lauteten die ersten Kommentare.

Da unser Bräutigam in spe kaum eine Miene verzog, kamen wir dann doch so langsam ins Grübeln. Und tatsächlich, er meinte es ernst, denn er fing an zu schwärmen. Es war wohl alles ziemlich schnell gegangen, da die beiden schon mal in ihrer Jugendzeit zusammen waren. Über 30 Jahre später haben sie sich dann bei ALDI wiedergetroffen. Gut, mir persönlich wäre ja EDEKA lieber gewesen, aber man kann halt nicht alles haben. 😊 Unseren Kumpel hatte es so richtig gepackt und natürlich haben wir uns alle mit ihm gefreut. Da siehst du jemanden während Corona ein paar Wochen nicht und schon überschlagen sich die Ereignisse.

Jetzt galt es, für unseren Ex-Junggesellen in spe wenigstens einen kleinen Abschied vom fröhlichen Singledasein zu organisieren. Wer genau wissen will, wie wir uns dabei gefühlt haben, sollte sich einfach mal das Lied „Junggesellenabschied über fünfzig" anhören. Das passt wie die Faust aufs Auge. Um coronagerecht zu agieren, haben wir das Ganze trotz stürmischen Wetters nach draußen verlegt. Und zwar in meinen Garten. Ein paar Würstchen auf den Grill, Bier kaltgestellt und die „Alte Marille" bereitgelegt - die sollte später noch eine entscheidende Rolle spielen.

Schon konnte es losgehen. Eigentlich wollten wir uns um 18:00 Uhr treffen, doch wie das halt bei Senior-Radfahrern so ist wurde es dann ein wenig später. Erich konnte leider nicht, da er seit Corona das Haus nicht mehr verlässt. Seine Partnerin hat aber dadurch gelernt, wie man rückenschonend zwei Bierkästen gleichzeitig über längere Strecken transportiert. Im Prinzip eine Win-win-Situation: Er steckt sich nicht an und sie lernt den Umgang mit neuen Tragetechniken.

Somit bestand unsere feierwillige Radlergruppe nur noch aus fünf Personen. Lars entschied sich just in dem Moment für das Fahrrad, als es mit dem Auto gerade noch gereicht hätte, um pünktlich zu kommen. Während es meine Kollegen aus irgendeinem Grund schafften, die Anreise deutlich zu entschleunigen, verhielt es sich bei mir eher umgekehrt. Aufgrund eines aufziehenden Unwetters pfiff der Wind durch unseren Grill und innerhalb weniger Minuten war die Kohle komplett durchgeglüht. Deshalb war ich deutlich früher fertig und konnte die Würstchen schon mal auf den Rost legen. Gleichzeitig hatte ich Brötchen im Backofen, Bier kaltgestellt und musste natürlich das Grillgut wenden. Zu allem Überfluss klingelten mein Handy und auch noch der Paketbote.

In diesem Augenblick traf ich die erste falsche Entscheidung: Ich ging an die Tür. Weder die Würstchen noch die Brötchen hatten Verständnis für meinen Entschluss, weshalb sich beide schwarzärgerten. Die zweite falsche Entscheidung an diesem Tag betraf die „Alte Marille" – aber dazu später. Doch irgendwie passte dann doch noch alles zusammen: dunkle Brötchen, noch dunklere Würstchen und schwarze Wolken am Himmel.

Als endlich die Gäste eintrafen, nahm die Dezimierung des aktuellen Bierbestands ihren Lauf. Nachdem die Radlergruppe voller und die Gläser leerer waren, stellte Lars die Frage: „Hat jemand Sodbrennen?" Ohne weitere Erklärung wussten alle, was gemeint war. Die „Alte Marille" trat nun ins Rampenlicht und mit ihr alle Plattitüden rund um den Alkohol. „Auf einem Reifen fährt sich nicht gut", „so jung kommen wir nicht mehr zusammen" und so weiter. Ob dieses Getränk nun am Ende tatsächlich hilfreich gegen Sodbrennen ist, wage ich zu bezweifeln, doch uns waren die Anwendungsgebiete egal, das Zeug war alt und musste weg.

Ich kann mich nicht mehr vollständig erinnern, wie ich alles wieder aufgeräumt habe oder wie die Teller und Gläser nach oben in die Spülmaschine gelangt sind und warum ich die Reifen meines Fahrrads aufgepumpt habe, zumal ich mich ja schon zu Hause befand. Meine Frau behauptet heute noch, dass ich sie nach der Veranstaltung musikalisch unterhalten hätte. Folgende Liedzeilen soll ich von mir gegeben haben: „Blau wie das Meer, voll wie der Strand und so breit wie der Horizont …" – never ever.

Doch war es bedenklich, dass hier und da klitzekleine Erinnerungslücken auftraten? Meine Tendenz ging eher dahin, niemandem davon zu erzählen, außer Ihnen natürlich, liebe Leserschaft, denn ich vertraue vollumfänglich auf Ihre Verschwiegenheit. Es war mir viel zu peinlich, dass ich nach ein paar Tropfen Alkohol schon zum Schwächeln neigen sollte, während meine Freunde ganz locker mit dem Rad nach Hause gefahren waren.

Als am nächsten Tag um fünf Uhr morgens mein Wecker klingelte, fühlte ich mich weder bereit noch in der Lage aufzustehen. Es gelang mir dann doch – was ist eigentlich das Gegenteil von geschmeidig? – langsam aus dem Bett zu steigen. Die Welt wirkte ganz anders bei chinesischer Betrachtung, denn so richtig bekam ich die Augen nicht auf. „Alte Marille" ist schließlich eine reine Kopfsache.

Im Laufe des Tages trafen dann die Nachrichten von meinen nicht schwächelnden Radlern ein, und die hatten es in sich. Es folgte ein legendärer WhatsApp-Verlauf, der sich hier in Kurzform wiederfindet.

Lars hatte scheinbar auch ein wenig mit den Nebenwirkungen des Getränkeverzehrs zu kämpfen. Für den Hinweg hatte er schlappe 30 Minuten mit dem Rad benötigt, zurück kamen ein paar Minuten mehr hinzu. Auf die Minute genau ist es nicht mehr nachzuvollziehen, aber etwa sechs Stunden, nachdem er uns verlassen hatte, wachte er am Mühlheimer Mainufer wieder auf. Sein Fahrrad hatte sich für ihn ungünstig verzogen und der Reifen vorne war mindestens so platt wie Lars.

Unerklärlicherweise war seine Sehhilfe in Form einer Gleitsichtbrille nicht mehr auffindbar. Das ist die Krux: Finde erst mal deine Brille ohne Zuhilfenahme derselben. Ob sie nun nicht mehr gesehen werden wollte oder konnte, wird ewig ein Geheimnis bleiben. Fakt ist, dass er den restlichen Heimweg im Blindflug antreten musste – obgleich er das ja vorher aufgrund des Konsums von „Alter Marille" auch schon getan hatte.

Mittlerweile hatte seine Freundin ihn bei der Polizei als vermisst melden wollen, aber da hatte sie nicht mit den juristischen Vorgaben für entlaufene Partner gerechnet. „Kommen Sie einfach in 48 Stunden wieder, dann gilt er als vermisst." Zum Glück war er bis dahin mit dickem Knie und eingeschränkter Sehfähigkeit im heimatlichen Schlafzimmer angekommen. Ob er das Nudelholz ohne Brille hat kommen sehen, ist nicht überliefert.

Bei Peter, unserem fast Verheirateten, sah es ein wenig besser aus. Er hatte zu diesem Zeitpunkt schon eine etwas längere kleine Pechsträhne hinter sich, und damit meine ich keinesfalls die Geschichte bei ALDI. Nein, dort hatte er noch alles richtig gemacht, erst bei den Hochzeitsplanungen ging einiges schief. Zuerst hat das Standesamt den beantragten Termin verbummelt. Aufgrund dieses Fehlers gab es nur noch die Möglichkeiten, zwei Wochen früher oder vier Wochen später als geplant zu heiraten. Also wurde das Ganze um zwei Wochen vorverlegt.

Ein paar Tage später machte das verliebte Pärchen einen Radausflug, wobei die zukünftige Braut so schwer stürzte, dass sie an der Schulter operiert werden musste. Während der Reha-Maßnahmen meldete sich das Standesamt und teilte mit, dass aufgrund der Pandemie nur noch neun Personen bei der Trauung dabei sein dürften. Leider lag die Zahl der Anwärter deutlich höher, sodass man schon über eine Standesamt-Teilnahmelotterie nachdachte. Doch zum Glück löste das Standesamt dieses Problem nachhaltig, denn wenig später wurden die Pandemiebestimmungen deutlich verschärft und die Zahl der zugelassenen Teilnehmer lag nur noch bei drei

Personen. Das war sehr wenig, zumal der Standesbeamte, Braut und Bräutigam bei dieser geringen Anzahl leider schon inkludiert waren. Die weiteren Hochzeitsvorbereitungen wurden dann aber kaum noch nachhaltig gestört, außer durch die 14-tägige Quarantäne, da es innerhalb der Familie einen Corona-Fall gab. Die allerletzte Hürde des Paares lag in der Veranstaltung eines abgespeckten coronagerechten Junggesellenabschieds – und damit sind wir wieder beim vorherigen Abend.

Wir steigen hier also wieder ein, genauer gesagt, Peter stieg auf sein Rad, um im Schoße der Familie beziehungsweise seiner zukünftigen Frau die restlichen ehefreien Stunden zu verbringen. Hier setzt nun der Original-WhatsApp-Verlauf ein, als er die heimatlichen Gefilde erreichte:

„Hallo Jungs, ich kenne jetzt auch weitere Nachbarn. Als ich beim Versuch, meinen Schlüssel in das Schloss für das Tor der Tiefgarage zu bekommen, in Zeitlupe umfiel, wurde ich angesprochen, ob man mir helfen könne. Ich rappelte mich mühselig hoch und verneinte grinsend mit den Worten ‚Junggesellenabschied über fünfzig.' Dann fuddelte ich den viel zu großen Schlüssel in das viel zu kleine Schloss, was mir nach einer gefühlten Ewigkeit auch gelang. Ich schwang mich gekonnt auf mein malträtiertes Fahrrad und rauschte mit den wahrscheinlich kaum zu verstehenden Worten: ‚noch´n schönen Abend' unsicher schwankend, aber rasant die Rampe der Tiefgarage hinunter, um mein Fahrrad dort abzustellen. Leider kamen zwei Pfeiler auf mich zu und ich entschied mich, dem rechten auszuweichen. Beim Aufprall am linken stellte ich fest, dass meine Entscheidung wohl falsch war.

„Gute Nacht!"

Zwei Tage später meinte Peter, dass wir wohl alle tüchtig was zu erzählen hätten. Leider konnte sich Lars dem nicht anschließen, denn der wusste ja nichts mehr. Bei heftigen Feiern gilt in der Regel der Spruch: „Wer sich erinnern kann, war nicht dabei." Auf jeden Fall hatte Lars ein bisschen Glück im Unglück. Als er bei der Polizei nachfragte, ob jemand seine wie auch immer verloren gegangene Sehhilfe abgegeben hätte, meinte der Beamte: „Ich schau mal nach, ob ich das richtig in Erinnerung habe", dann ging er zum Computer, nickte kurz mit dem Kopf und sagte: „Ja, tatsächlich, auf meine Erinnerung kann ich mich verlassen. Hier hat noch nie jemand eine Brille abgegeben." So hatte Lars zumindest den grinsenden Beamten glücklich gemacht. Einen weiteren Tag später gab es dann eine gute und eine schlechte Nachricht. Die gute Nachricht war das Wiederauffinden der verlorenen Brille, die schlechte war deren Allgemeinzustand. Er hat sie dann weggeworfen. Seit dieser Zeit haben einige meiner Freunde eine akute Alte-Marille-Allergie. Vielleicht lag es nur in der missverständlichen Auslegung des Ursprungsworts. Junggesellenabschied heißt halt nicht, dass sich Junggesellen endgültig verabschieden, und wenn, dann nur vom Status.

#Aprikosenallergie

Bei einer Junggesellenfeier,
ist es oft die gleiche Leier,
es versagt der Intellekt,
wenn der Durst erst mal geweckt.

Die Partnerin sagt dir zum Glück:
„Bitte halt dich heut zurück,
trinken ist kein Kräftemessen",
doch kaum gehört, ist's schon vergessen.

So kam es leider wie gedacht,
der Suff hat ihn zu Fall gebracht,
erst verlor er die Gewalt,
übers Fahrrad, dann den Halt,

jetzt liegt er nun am Uferrand,
weil ihm das Bewusstsein schwand.
Die Erinnerung nur lose,
etwas roch wie Aprikose,
eben hat er's noch genossen,
bevor die Lichter ausgeschossen.

Das Zeug, das hatte seine Tücken,
die Erinnerung voll Lücken,
keine Sehkraft ohne Brille
außerdem fast zwei Promille.

Der Fahrradlenker ungelogen,
war leider echt total verbogen
und jetzt auf den zweiten Blick,
war das rechte Knie noch dick.

Schwankend lief er durch die Nacht
und hat sein Fahrrad heimgebracht,
wo seine Frau im Dunklen lauert
und ihn keinesfalls bedauert,
eher war ihr nach Verdruss,
so gabs noch eine auf die Nuss.

Und zu guter Allerletzt,
nur vom Kollegen wertgeschätzt,
der staunte, was so in ihm steckt,
und zollte Lars dann doch Respekt!

Und die Moral von dieser Posse:
Wer säuft, der landet in der Gosse,
denn niemals unterschätze sie,
die Marillen-Allergie.

Irgendwie läuft alles schief. Da wollten wir Tabellenführer der Regionalliga Südwest werden, stattdessen sind wir Spitzenreiter – leider bei den Covid-19-Inzidenzfällen. Doch immerhin soll es unterhalb der 50er-Grenze wieder zu Lockerungen kommen. Wenn man allerdings bedenkt, dass wir aktuell bei 329 liegen, wird es wohl noch ein Weilchen dauern, bis man uns abends wieder rauslässt.

Da werde ich wohl auch an meinem Geburtstag umdisponieren müssen. Es wird wahrscheinlich darauf hinauslaufen, dass ich mit meinem Spiegelbild auf 1,50 Meter Abstand feiern werde – natürlich mit FFP2-Schutzmaske, vorher noch einen Schnelltest gemacht, denn sicher ist sicher. Und schon kann die Party steigen.

Was mag bloß hinter diesen Maßnahmen stecken? Vielleicht verbirgt sich ein perfider Plan dahinter, um möglicherweise noch vor der Eröffnung des neuen Offenbacher Polizeipräsidiums die Kriminalitätsrate zu senken. Dann könnte man bei der Einweihungsfeier schon stark gesunkene Fallzahlen präsentieren. Gestern habe ich die Kriminalhauptkommissare Sina Fröhlich und Adi Hessberger beobachtet, wie sie schon die ersten Kisten für den Umzug gepackt haben. Vielleicht kann man den beiden bei einem Bierchen die eine oder andere Information entlocken – natürlich erst, wenn die

Gastronomie wieder öffnen darf. Bis dahin möchte ich euch die nächste wahre Geschichte erzählen. Bei dieser gibt es wahrscheinlich Tausende von Zeitzeugen und einer davon war ich selbst ...

#SCHEISSENDRECK HAPPENS

Peter Neururer steht symbolisch für den Titel dieses Buchs, und diese Geschichte ist der Beweis. Vor vielen Jahren übernahm Peter Neururer das Traineramt in Offenbach. Als Trainer sagte er einmal: „In Offenbach brauchst du eher einen Wohnwagen als eine Wohnung, so schnell bist du wieder weg."

Sein damaliger Amtsantritt war verbunden mit einem hessischen Begrüßungsessen am Vorabend mit den Verantwortlichen des OFC. Neururer war bis zu diesem Zeitpunkt noch nicht in die Geheimnisse der einheimischen Kochkunst eingeführt worden, sodass Handkäs mit Musik in seinem bis dahin erworbenen Wortschatz nicht vorkam. Bei der Bestellung verließen sich er und sein Co-Trainer auf die Empfehlungen seitens des Gastgebers. Auf die Frage, was er denn trinken wolle, meinte Neururer, dass er normalerweise Wein trinke. Der Kellner erklärte ihm, dass zu diesem Gericht Apfelwein am besten passe. „Süß oder sauer gespritzt?" Neururer war erstaunt. „Schmeckt das Zeug nicht, dass man es mischen muss? Ich trinke es pur." Niemand wollte ihm an diesem Punkt widersprechen oder gar über die Auswirkungen von purem Apfelwein in Verbindung mit Handkäs aufklären, also ließ er sich beides schmecken.

Seinem Co-Trainer ging es am Ende des Abends überhaupt nicht gut, weshalb er sich in Windeseile verabschiedete und auch am nächsten Tag nicht gesehen wurde. Das war allerdings schon etwas seltsam, da an diesem Tag das erste Punktspiel für das neue Trainergespann auf dem Plan stand. Peter Neururer war mit einem robusten Naturell ausgestattet, sodass ihn die ansonsten oft eintretenden Symptome erst mal nicht belasteten. Als er dann zu Spielbeginn auf der Trainerbank Platz nahm und sich im Stadion umschaute – damals waren noch Zuschauer bei den Spielen zugelassen –, verspürte er ein leichtes Grummeln in seinem Bauch. Zum Glück übertönten Tausende von OFC-Fans die immer lauter werdenden Geräusche, die er einer Zusammenarbeit von Magen und Darm zuordnete.

Und hier komme ich ins Spiel. Tatsächlich gehörte ich zu den vielen Fans, die auf der Stehtribüne das Spiel und den neuen Trainer im Fokus hatten. Als dieser dann bei einer spannenden Szene das erste Mal aufsprang, merkte er gleich, dass dies ein verhängnisvoller Fehler war. Ein Teil des Darminhalts wechselte kombiniert mit einem infernalischen Geräusch spontan seinen bisherigen Standort von innen nach außen.

„Scheiße", entfuhr es seinen Lippen.

Und damit hatte er den Nagel auf den Kopf getroffen. In der Halbzeit versuchte er, wenigstens halbwegs normal zu laufen, denn er musste den kompletten Platz überqueren, um zu den lebensrettenden Äppler-Entsorgungsstationen zu gelangen.

Die Halbzeitansprache fand sozusagen im Darm statt. Doch allen Gerüchten und Gerüchen zum Trotz war er nicht der Namensgeber der gleichlautenden hessischen Stadt.

Sein Ungemach hielt sich auch noch während des Wiederanpfiffs und so befanden sich Anspannung und Entspannung in einem wüsten Miteinander. Als die Kickers das 1:0 schossen, sprang Peter Neururer trotzdem spontan auf, riss die Arme hoch und jetzt spielte das Handkäs-Apfelwein-Gemisch die erste Geige. Es war halt Handkäs mit Musik. In diesem Moment wurde die Fußballer-Floskel „dreckiger Sieg" geboren, denn in der Hose des Erfolgs-Coaches spielte sich zumindest genauso viel ab wie mitten im Fan-Pulk. Peter Neururer rannte wie von der Tarantel gestochen auf die andere Seite des Platzes zu der nach ihm förmlich schreienden Keramikabteilung. Dazu musste er an dem jubelnden

Fanblock vorbei. Diese wollten ihren Trainer natürlich hochleben lassen und tanzten auf der Tribüne den Neururer-Tanz, der ihm auch in späteren Zeiten den Namen Tanz-Peter einbrachte. So stand er vor Block 2, bewegte sich nach rechts und nach links, als auch das restliche Abendessen wie durch ein Wunder wieder an die Oberfläche kam – und damit ist nicht gemeint, dass er brechen musste. Zur anschließenden Pressekonferenz erschien er obenrum glücklich mit Hemd und Sakko und untenrum nur mit einer sauberen Turnhose, die er auf die Schnelle organisiert hatte. Und so kam es, dass der erste Auftritt von Peter Neururer auf dem Bieberer Berg für ihn ziemlich beschissen begann. Am Ende konnte er dann doch richtig auf die Kacke hauen. Diese Geschichte hat sich tatsächlich genauso ereignet. Peter Neururer durfte die Urgewalt eines hessischen Gerichts kennenlernen und das Ganze ist dermaßen in die Hose gegangen, dass er diese 90 Minuten nie wieder vergessen wird. Nicht wahr ist das Gerücht, Peter Neururer hätte sich im Anschluss an diese Begebenheit ein original Handkäs-Tattoo mit einem Bembel auf die Brust stechen lassen. Weiterhin ist nicht erwiesen, dass Herr Neururer ein entfernter Verwandter von Herrn Joachim Llamby („Let´s dance") sei, obwohl beide nicht allzu weit voneinander geboren wurden. Den Neururer-Tanz soll er in einer Disko im Ruhrpott kreiert haben. Bei „Let´s dance" werden mittlerweile schon Überlegungen angestellt, ob diesem bewegungsintensiven Ausdruckstanz nicht ein Platz zwischen den lateinamerikanischen und den etablierten Standardtänzen gebühre. Bei der bisher noch nicht endgültig finalisierten Namensfindung liegt Ruhrpott-Mambo ganz weit vorne. Und natürlich gibt es auch zu dieser Geschichte ein passendes Gedicht. Vielleicht sollte eine Zufuhr von Speisen während der Lektüre unterbleiben. Ihre Entscheidung!

#Donnerschlag

Vor dem Auftaktspiel-Debüt,
gabs vorher noch ein Festmenü.
Das Drama folgte auf die Schnelle,
denn durch den Darm schoss eine Welle.

Zuerst war da nur ein Geruch,
dann kam es zum Vulkanausbruch,
doch statt Lava, Rauch und Schlacken
beförderten die Hinterbacken
ein Zwiebel-Handkäse-Gericht
wieder raus ans Tageslicht.

Bei jedem Schritt, den er dann ging,
ihm irgendwo noch Handkäs hing,

der seinem Darm zu schnell enteilte,
und sich untenrum verteilte.

Wahrlich ist es nicht so toll,
beim ersten Spiel die Hosen voll,

dann mit Krämpfen und mit Schnaufen
lässig übern Platz zu laufen.

Da fehl'n dir Teile deines Charmes,
bei der Entleerung deines Darmes,
du denkst schließlich nur: „Au Backe,
der erste Auftritt, der war Kacke!"

Und die Moral von der Geschicht,
entleere deine Därme nicht,

vor allem nicht beim Ligaspiel,
das ist des Guten doch zu viel.

Nach Jahren das Gerücht noch lebt:
Mit Peter hat der Berg gebebt!

#Limbo-Tänzer kommen überall hin

Es ist tatsächlich wahr: Beim Verputzen eines beliebigen Hauses verbraucht man deutlich mehr Kalorien, als man beim Verputzen eines Burgers zu sich nimmt. Somit ist die Marschrichtung klar. Burger fallen aus! Stattdessen startet das Projekt „Sanierung in Eigenregie". Doch hier muss erst einmal für die zwingend notwendige Sicherheit gesorgt werden.

Ein gängiges Normgerüst bietet bei einer Fassadenrenovierung allen Menschen im 70-Kilogramm-Bereich sehr gute Möglichkeiten, es auch zu benutzen. Wenn man aber wie ich zur Gewichtsklasse 70 plus gehört, muss man ausgefeilte Techniken anwenden, um durch die Ausstiegsluken zu gelangen. Meine mehrwöchige Grundausbildung als Limbo-Tänzer ist mir dabei sehr hilfreich, denn steckenbleiben ist leider keine Option. Dafür leidet die Figur ungemein, wenn ich mir meine Abschürfungen im linken und rechten Hüftspeckbereich so ansehe. Aber wer ein paar leichte Handwerksarbeiten durchführen möchte, muss auch bereit sein, einige Opfer zu bringen. Und am Ende macht es schon ein wenig Eindruck, wenn ich meinen Körper schlangengleich durch die schmalen Luken bewege. Dabei gewinnt die Floskel „da steckste nicht drin" eine ganz neue Bedeutung.

Nun mal endlich an die Arbeit, denn schließlich handelt es sich nicht um eine Doktorarbeit, sondern um das Verputzen unseres Hauses. Jetzt gilt es nur noch, die Arbeitsschritte ordentlich und natürlich nacheinander abzuarbeiten. Mal sehen, was der „Leidfaden" an Informationen hergibt. Man schlage den alten Verputz ab und entsorge ihn in einem Container. Das ist eine der schönsten Aufgaben, denn man kann trotz Corona mal wieder so richtig auf den Putz hauen. Allerdings sollte sich auch ein leerer Container vor Ort und in Wurfweite befinden. Große Putzstücke fliegen tatsächlich weiter, als man glauben mag. Aus diesem Grund bietet sich besonders das Paket „Container inklusive Haftpflichtversicherung" an. Das anschließende Grundieren der kompletten Fläche ist leider sehr aufwendig, denn vielerorts bestehen Häuser aus bis zu vier Außenwänden. Auch hier neigt der außenstehende Betrachter oftmals zu Fehleinschätzungen.

Die Bearbeitung der Laibungen und das Setzen der Eckwinkel geht aber dann fast wie von selbst, zumindest wenn nichts schiefgeht.

Sobald aber ein wenig Wind aufkommt und das Baugerüst anfängt, leicht zu schwingen, fangen auch die Probleme an. Bei mir ist das zum Glück nicht der Fall, denn wie Sie schon wissen, liebe Leserinnen und Leser, tummele ich mich bezüglich der Muskelmassen eher im Schwergewichtsbereich und da schwingt gar nichts mehr. Das Gerüst steht wie festgemauert von den Gewalten meines Körpers tief in die Erde gepresst.

Nachdem nun der Unterputz aufgebracht ist, kommt endlich die mehrere Sekunden anhaltende Erholungsphase. Wenn man dann das komplette Gewebe aufgezogen hat und der Armier-Mörtel, der mich irgendwie kaum animiert hat, aufgetragen ist, muss das Ganze nur noch glatt abgezogen werden. Wer jetzt denkt, das Haus wird schon gestrichen, hat leider mit Zitronen gehandelt, da man sich nun der Putzgrundierung widmen muss. Auch in diesem Fall multipliziert die Vielzahl der Wände den Arbeitsaufwand auf ein fast unerträgliches Maß.

Dazwischen steht man vor einem großen Bottich und rührt mit einer Art Quirl das Material an. Das ist jetzt wirklich wie Kuchenbacken und macht tatsächlich am Anfang richtig Spaß, doch diese Freude verliert sich schon nach ganz kurzer Zeit. Selbst wenn man das Gerät nach einer Weile ausschaltet, spürt man noch das Zittern der Arme.

Aber keine Angst, nach ein paar Tagen lässt diese Eigenbewegung der Extremitäten wieder deutlich nach. Die restlichen Arbeiten erspare ich Ihnen an dieser Stelle, also lassen wir die Wände einfach ein bisschen bei 30 Grad Celsius trocknen und rufen: „Hoch die Hände, Wochenende!" Leider kriegt man die Arme nicht mehr nach oben und der einzige Vorteil ist, dass man sich die Schuhe im Stehen binden kann.

Am folgenden Montag legen meine Frau und meine Tochter die Fassade an, denn mir ist die Arbeit einfach zu anstrengend. Jetzt die Fensterbänke streichen, das Gerüst säubern, die Klebestreifen entfernen, die Baustelle aufräumen und schwupp, ehe man beziehungsweise frau sich versieht, ist schon alles erledigt. Und mal ganz im Ernst, so schlimm und anstrengend ist es nun auch wieder nicht. 😉

#Offenbacher Götterwesen

Zwischendurch mussten wir bisweilen in den Baumarkt, um unsere Fehlbestände an Material aufzufüllen. Jetzt ist es amtlich, auch in Corona-Zeiten verstecken sich die Verkäufer in Baumärkten sehr gerne – aktuell hinter Masken – und jeder zweite trägt ein T-Shirt mit der Aufschrift: „Ich weiß nix!" Vielleicht würde auch des Hundetrainers Martin Rütter T-Shirt-Spruch passen: „Der tut nix."

Ich stehe also in einem verkäuferfreien Markt und sobald tatsächlich mal jemand vom Personal versehentlich den Kopf hebt, hört man meist die Worte: „Ich bin nicht zuständig." Witzig ist nur, dass ich noch überhaupt nicht gesagt habe, was ich suche. Wahrscheinlich ein ganz Ausgebuffter, Marke Hellseher.

Und just in diesem Augenblick beginnt meine persönliche Götterdämmerung. Es tritt der Erste aus der Offenbacher Götter-Familie auf den Plan. Mein persönlicher Gott der Ungeduld. Sein Name: Hammersbald! Mit dem ist keinesfalls zu spaßen. Vor allem kriegt er die Krise bei einer vermeintlich ganz normalen Bestellung, die Ewigkeiten dauert, bis man mit Material versehen den Laden nach etlichen Stunden wieder verlässt. Kommt jetzt noch mangelhafte Lagerhaltung ins Spiel, dann flipp ich aus. Doch der findige Baumarktmitarbeiter, der nicht in der Lage ist, seine Lustlosigkeit auch nur für Sekundenbruchteile zu überspielen, kontert mich mit seinem eigenen Gott des Bestellwesens eiskalt aus. „Hammernet!" Jetzt kommt meine Götterwelt so richtig in Schwung.

Stellen Sie sich die folgende Szene einfach mal bildlich vor. Der Gott der Ungeduld, **Hammersbald**, trifft auf den Gott des Bestellwesens: **Hammernet**. Dieser Umstand sorgt dafür, dass in den Baumärkten oft hitzige Auseinandersetzungen entstehen. Und genau so stand ich Aug in Aug mit dem Bestellverweigerer und nur durch eine göttliche Eingebung von oben gelang es mir, meine vor Wut verzerrte Fratze mit einem fadenscheinigen Halblächeln zu schmücken.

Deeskalierend schaltete sich zwischendurch mein Gott der höflichen Nachfrage ein und fragte mit der freundlichsten Stimme, die der Augenblick hergab: **Hammersdann?**

Am Ende ging dann doch noch alles gut aus und der Gott der Zustimmung und des Happyends kam ins Spiel. **Hammersdoch!**

Ein weiterer Held der Offenbacher Götterwelt ist **Thor**. Im Allgemeinen ist er zuständig für die Offensivbemühungen von Kickers Offenbach. Leider verfügt er über eine gespaltene Persönlichkeit, und die ist am Bieberer Berg beheimatet, nämlich **Eigen-Thor**. Wie komme ich jetzt eigentlich darauf? Klar, bei Göttern habe ich sofort an Fußballgötter denken müssen und somit an den OFC. Aber vielleicht ist das alles auch nur ein Mythos und ich sollte lieber schnell wieder zurück auf unsere Baustelle.

#Der Offenbacher Schrägaufzug

Aufgrund der Ab- und Neueindeckung unseres Dachs benötigten wir neben dem Gerüst auch noch einen Ziegelaufzug, der, wie wir im Nachgang erfuhren, nur an Profis vermietet werden darf. Leider hatte das Gerät einen klitzekleinen Nachteil, da es noch komplett zusammengebaut werden musste. Auf jeden Fall schien es sich um das Gerät Bullerbü zu handeln, denn mit so vielen Einzelteilen konnte man wirklich nicht rechnen. Es erinnerte ein wenig an IKEA, nur fehlte die idiotensichere Aufbauanleitung. Stattdessen gab es eine Beschreibung, die einen ganz sicher zum Idioten abstempelte. Vielleicht hätte die altdeutsch anmutende Schrift in der Gebrauchsanleitung für ein wenig Skepsis auf unserer Seite sorgen sollen. Vor allem, weil es sich um ein nicht ganz taufrisches Exemplar aus Vorkriegszeiten zu handeln schien. Nach dem etwas langwierigen Aufbau durch mehrere ausgewiesene Fachkräfte vollzog dieses wunderbare Objekt einen ersten und zugleich letzten Ruck, dann gab es endgültig den Geist auf. Die daraufhin kontaktierte Vermietfirma mutmaßte nun einen unsachgemäßen, vielleicht sogar stümperhaften Zusammenbau. Eine weitere Idee des Vermieters war das falsche Einstecken des Steckers, denn die Maschine hatte in den letzten 75 Jahren nachweislich immer tadellos ihren Dienst versehen. Außerdem könne am Freitag, so kurz vor Feierabend, wirklich keinem Mitarbeiter mehr zugemutet werden, vorbeizukommen. „Nein, am Wochenende arbeiten wir generell nicht." Es läuft nicht wirklich gut. Obwohl wir fairerweise zugestehen müssen, dass doch etwas lief, aber das war lediglich die Miete für den historischen Aufzug. Somit trugen wir die Ziegel einzeln über das Gerüst durch die Luken hindurch bis ganz nach oben. Zum Glück benötigt man nicht allzu viele davon. Gab es dazu nicht einen passenden Spruch in einem bekannten Märchen?

Zieglein, Zieglein in der Hand, wer hat das höchste Dach im Land? Ihr, Herr Fiedler, Ihr habt zweifellos das höchste hier, aber das Stadiondach bei den Fußballzwergen hinter den Bieberer Bergen ist noch zweimal höher als hier.

Irgendwie nahmen unsere Probleme einfach kein Ende. Weiter ging es mit dem Standort des Dixi-Klos. Keiner der Nachbarn wollte der blauen Schönheit Asyl auf seinem Grundstück gewähren. So mussten wir in den sauren Apfel beißen – jetzt fällt mir auch wieder der Name des Märchens ein: Schneewittchen. Also wurde

diese Station zur Entsorgung menschlicher Verdauungs-
relikte direkt neben unserem Haus positioniert. Ich hätte auch schreiben können „aufgestellt", aber ein Klo zu
„Po-sitionieren" hat irgendwie was.

Die Fachfirma, die uns bei den vielen Arbeiten rund
ums Haus hilfreich unterstützen wollte, hatte uns einen
internationalen Bauleiter zur Verfügung gestellt. Erst
nach mehreren Tagen stellte sich heraus, dass der immer
freundlich lächelnde Mann leider nicht unsere Sprache
beherrschte. Aber solche Dinge werden in unserer Gesellschaft oft überbewertet und deshalb dachten wir:
„Wenn er lächelt, wird schon alles gut werden." Zu unserem schwierigen Sprachaustausch gesellte sich ein weiteres Problemchen. Der vom Arbeitsamt geschickte
Aushilfsverputzer hatte extreme Höhenangst. Nun lag
aber dummerweise der zu verputzende Teil im oberen
Bereich des Hauses. Dieser war nur per Leiter oder über
das Gerüst erreichbar. Aufgrund dieser Ausgangssituation weigerte sich der Mann, auch nur die erste Stufe des
Gerüsts zu besteigen. Zum Glück aber sprach er
Deutsch und zusätzlich noch die Sprache unseres nicht
Deutsch sprechenden Bauleiters. So konnte dieser dem
Bauarbeiter mit Höhenangst erklären, wie das Verput-
zen funktioniert. Dieser erklärte es wiederum meiner
Familie und mir, sodass wir, die zum Glück keine Pro-

bleme hatten, in luftiger Höhe zu arbeiten, seinen Job übernehmen konnten. Das einzige Dilemma war der Umstand, dass sich unser neuer Verputzer nicht so nah an das Gerüst herantraute. Somit musste er mit seiner Stimme mehrere Stockwerke überbrücken, um seine Anweisungen weiterzugeben. Das machte ihm dermaßen zu schaffen, dass gegen Abend seine Stimme versagte und er am nächsten Tag nicht mehr erschien. Da wir, zumindest meine Frau und meine Tochter, inzwischen verstanden hatten, wie ordentlich verputzt wird, haben wir ihn am Ende auch nicht allzu stark vermisst. Und ehrlich gesagt konnte man ihn von da oben weder sehen noch hören.

Über Nacht hatte die Container-Firma es dann tatsächlich hinbekommen, von unseren zwei Containern den leeren wieder mitzunehmen und den vollen stehen zu lassen. Zugegeben, der leere stand aus Abholersicht einfach besser. Vielleicht war es auch ein bisschen mein persönliches Verschulden, da ich vergessen hatte, „leer" und „voll" auf die Behälter zu schreiben. Da muss man sich halt auch einmal selbstkritisch an die eigene Nase fassen. Und nicht immer die Schuld beim arbeitenden Personal suchen. Einatmen – ausatmen.

Am nächsten Tag hatten wir das neue Baumaterial vor dem Haus nahe des Gerüsts gelagert, um die Wege so kurz wie möglich zu halten. Aus diesem Grund haben wir die auf dem Dach befindlichen Arbeiter darauf hingewiesen, dass keinerlei Holzreste, Metall oder Dachschindeln nach unten geworfen werden dürften. Der dahinterstehende Dialog lässt sich wie folgt darstellen: „Nicht werfen!" – „Ja!" – „Haben Sie gehört? Nichts runterwerfen!" – „Ja, verstanden!" – Platsch!!! Wie heißt es so schön: „Alles Gute kommt von oben." Volle Kanne mitten auf die neue Ware.

Und dieses Szenario zog sich über den kompletten Tag. „Braucht ihr noch etwas?" – „Nein, nix brauchen." Und wenn man nach einem zweistündigen Anstehen im Baumarkt wieder zurück ist, fehlen auf einmal Baustoffe, ohne die man keinesfalls weiterarbeiten kann.

Doch jetzt spielte wenigstens das Wetter mit. Die Sonne schien, kein Regen in Sicht. Laut Wettervorhersage sollte es erst in der nächsten Woche wieder regnen. Der Himmel schimmerte strahlend blau, und es war kein Wölkchen zu sehen. Leider aber auch kein Dachdecker. Die Tatsache, dass es in den nächsten Tagen regnen sollte, interessierte die Männer des Dachhandwerks wenig. Leider wurde das Dach auch nicht regensicher abgedeckt, da es sich ja schließlich nicht um Abdecker, sondern Dachdecker handelte. Beim nächsten Regenguss hielten die nicht vorhandenen Planen so gut wie kein Wasser davon ab, ins Haus hineinzutropfen. Ich musste spontan an Stephen King denken und sein neustes Werk: „Friedhof der Handwerker"! Gibt es vielleicht Rechtsanwälte unter meinen Lesern? Vielleicht können sie mir sagen, mit welcher Strafe bei Handwerkermord im Affekt zu rechnen ist – ich frage für einen Freund. 😉 Tja, Handwerk hat, wie der Volksmund mit Grabesstimme so sagt, „torfigen Boden" oder so ähnlich. Und schon stellt sich mir die nächste Frage. Bin ich, sobald ich einen Handwerker mit der Hand würge, ein Handwürger? Dass man zeitweise solche Gedanken hegt, ohne dass man sie tatsächlich umzusetzen gedenkt, geht mir durch den Kopf, als mein Blick wie zufällig auf dem frischen Erdhaufen hinter dem Haus verweilt.

#Hinter den Kulissen

Heute wollte ich in der Praxis endlich mal etwas zu Ende bringen, was ich in der Theorie schon längst erledigt hatte. Im Prinzip war es ganz einfach. Vier Texte, die seit zwei Wochen fertig geschrieben waren, mussten nun noch mit Bild und Ton aufgenommen werden.

Alles war bestens vorbereitet, und sogar das Wetter spielte mit. Die schönste Stelle in unserem Garten hatte ich mir für die Aufnahmen ausgesucht. Das Licht passte und das Kamerastativ war perfekt eingestellt. An dieser Stelle darf ich Ihnen versichern, liebe Leser, dass es gar nicht so einfach ist, über einen längeren Zeitraum hinweg laut, deutlich, gut betont und fehlerfrei zu lesen. Schon gar nicht für einen Offenbacher.

Bei der ersten Aufnahme funktionierte es gleich fantastisch. Schon während des Lesens empfand ich eine große Vorfreude bezüglich der reibungslosen Aufnahme. Kennen Sie auch das Gefühl, wenn alles wie am Schnürchen läuft? Bis das Schnürchen leider anfing, sich zu verheddern. Einige Augenblicke vor Ende der Szene begannen die Nachbarskinder aus unerfindlichen Gründen zu schreien, sodass meine bis dahin wunderbare Tonaufnahme in dem Gebrüll dieser Literaturbanausen sang- und klanglos unterging. Wie würden sie erst schreien, wenn ich sie in die Finger bekäme ...

Also wieder von vorne. Diesmal schaffte ich es noch nicht einmal bis zur Hälfte des Textes, als plötzlich ein Flugzeug scheinbar plante, bei uns im Garten zu landen, zumindest entstand eine entsprechende Lärmkulisse. Ich war schon drauf und dran, den Piloten anzuweisen, bei den Schreihälsen im Nachbargarten zu landen.

Natürlich war die Aufnahme nicht mehr zu gebrauchen. Erstaunlicherweise war es danach eine Weile komplett ruhig in unserem idyllischen Gärtchen. Leider hatte mich das ganze Umfeld ein wenig aus der Ruhe gebracht und somit verhaspelte ich mich ein ums andere Mal, weshalb ich beschloss, an etwas Beruhigendes zu denken. Und so begannen meine Gedanken um den frischen Erdaushub aus dem letzten Kapitel zu kreisen. Ich spürte, wie sich eine ungeheure Zufriedenheit in meinem Körper ausbreitete und ein dümmliches Lächeln sich meiner Gesichtszüge bemächtigte. Derart entspannt begann ich, locker-flockig die Geschichte zu erzählen, und hatte das Gefühl, nie besser gestartet zu sein.

Apropos gestartet, wer hatte den Aufnahmeknopf eigentlich gedrückt? Ich konnte mich nicht erinnern, dies getan zu haben. Und das aus gutem Grund, denn ich hatte vergessen, auf den roten Punkt zu drücken. Man bescheinigt uns Offenbachern zwar von Geburt an ein sanftes Gemüt, aber jetzt war es vorbei mit der inneren Ruhe. Als beim nächsten Versuch die Türklingel läutete und mein Hund voller Freude und mit lautem Gebell den Besucher meldete, gab ich entnervt auf. Mögen noch so schöne Hintergrundbilder entstehen, wenn man versucht, ein Video im Grünen zu drehen, ehrlich gesagt, es ist mir total wurscht, im Grunde sogar scheißegal, mir reichts. Die folgenden 167 unflätigen Schimpfwörter haben übrigens unter dem strengen Blick des Lektorats ihr Leben ausgehaucht und wurden ohne Rücksichtnahme auf meine Gefühlslage einfach aus dem Manuskript gestrichen.

Ich verbarrikadierte mich im dunkelsten Bereich unseres Kellers hinter verschlossenen Türen und spulte mein Pensum ab. Ohne Störung, ohne idyllische Effekte, mit schummrigem Dämmerlicht und witzigerweise ohne auffällige Versprecher. Geht doch! Das vorherige Bildmaterial kann ich immer noch an Pleiten, Pech und Pannen versenden, und falls irgendwann der dumme Kommentar kommt, dass die Videoqualität meiner Geschichten aufgrund der überaus schlechten Lichtsituation unzureichend ist, dann denke ich wieder an den Geruch von frischen Erdhaufen und stelle mir vor, dass es an dieser Stelle noch ganz, ganz viel Platz gibt.

#Offenbacher Psychologe packt aus

Da viele Probleme bei uns Männern meistens ganz einfach durch kaltes Bier gelöst werden können und dies bei manchen Ehefrauen eher auf Unverständnis stößt, bot es sich an, bei diesem brisanten Thema einen alten Freund zu Rate zu ziehen. Das eigentliche Problem liegt in der Kommunikation zwischen Mann und Frau begründet, die sich bisweilen als schwierig herausstellt, und da schien der ein oder andere gute Rat vom ausgewiesenen Fachmann und Frauenflüsterer durchaus hilfreich zu sein. Seine nachfolgenden Aussagen und Verbesserungsvorschläge hören sich auf jeden Fall vernünftig an.

Ein heißer Tipp für alle Männer, denen seitens der Ehefrau vermittelt wird, dass sie zu viel trinken würden: Manchmal ist es einfach nur unsere ungehobelte Art, wie wir Dinge beschreiben. Hier mal ein Beispiel einer völlig kontraproduktiven Herangehensweise. Du polterst mitten in der Nacht die Treppen hinauf, und dabei singst du den neuen Ballermannhit von Icke Hüftgold: „Ich überleg, mit dem Saufen aufzuhörn – aber ich schwanke noch, ich schwanke noch, ja ich schwanke noch." Selbst wenn man noch in der Verfassung ist, den Text melodiös und einschmeichelnd zu präsentieren, trifft dieses Vorgehen möglicherweise nicht auf das Wohlwollen der aus dem Schlaf gerissenen Ehefrau. Hier gilt es, sich an den Sachverhalt subtil und mit Einfühlungsvermögen heranzutasten. Etwa so: Schuhe ausziehen, langsam sich am Geländer hochziehend nach oben bewegen, sich leise auf seiner Bettseite ausstrecken mit einem zarten, kaum wahrnehmbaren Seufzen. Die sich nur schlafend stellende Ehefrau wird von Neugier geplagt fragen: „Was ist denn los?" „Ach, ich wollte dich nicht wecken. Der Tag war total anstrengend. Zuerst eine Besprechung nach der anderen und dann mussten wir mit den Kollegen auch noch zu Recherchezwecken an einer Verkostung einheimischer Naturprodukte teilnehmen." Dass es sich um Apfelwein, Bier oder Schnaps aus der Region handelte, zählt zu den überflüssigen Informationen, mit denen wir Dritte (auch Partnerinnen) an dieser Stelle gar nicht belasten wollen. „Ach, du Armer, dann schlaf jetzt noch ein paar Stunden." „Ich will ja gar nicht jammern, denn ich weiß, dass du bestimmt auch einen megaanstrengenden Tag hattest." Jetzt sollten Sie leicht über ihre Hand streicheln, aber keinesfalls dürfen Sie Ihre Frau jetzt küssen.

Wenn sie die Alkoholfahne riecht, war alles umsonst. Nun warten Sie, bis die Frau eingeschlafen ist, erst anschließend dürfen Sie mit dem Schnarchen beginnen. Frei nach dem Motto „sleeping wife – happy life" könnten Sie unbeschadet aus der Nummer herauskommen.

#Der Kreisel ohne Wiederkehr (Circle of no return)

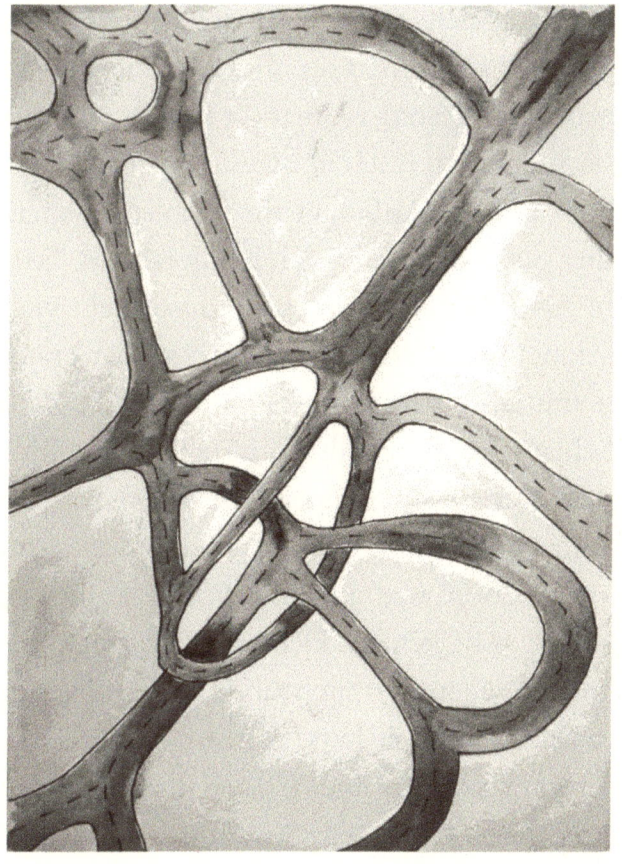

(Foto des Kaiserleikreisels nach dem Umbau)

Auf der ganzen Welt versucht man, aus Kreuzungen Kreisel zu gestalten. Auf der ganzen Welt? Nein, denn in Offenbach ticken die Stauuhren anders. Eines Morgens, ich war gerade staufrisch aufgewacht, hatte ich die tolle Idee, mal wieder den Kaiserleikreisel zu befahren. Als alter Offenbacher kenne ich mich bestens aus und die Horrorbotschaften von Bekannten, die beinahe nicht mehr aus diesem Konstrukt herausgefunden hatten, bestärkten mich noch in meiner Absicht. Ich wusste gar nicht, was diese Anfänger für Probleme sahen, denn aus meiner Sicht wirkte der Kreisel gefahrlos, fast schon friedlich. Also fuhr ich in dieses Angstobjekt vieler Autofahrer hinein, und schon stand ich an der ersten Ampel. Vor mir befanden sich sieben oder acht Fahrzeuge in der Schlange und beinahe hätte ich es tatsächlich geschafft, bei der ersten Ampelphase über die Kreuzung zu gelangen. Jetzt stand ich an Position zwei und ließ den Motor schon mal prophylaktisch aufheulen. Ein satter Klang. Mit einem kleinen Kick aufs Gaspedal würde mein Wagen förmlich über die Kreuzung schießen. Die Dame vor mir hatte scheinbar ein mittleres bis großes Orientierungsproblem, da sie trotz grüner Ampel und einem durch mich ausgelösten infernalischen Hupkonzert einfach nicht ihre elendige Karre in Gang setzte. „Ist die Alte denn zu blöd, einfach geradeaus zu fah-

ren?", fragte ich mich unter Aufbietung aller Schimpfwörter, die wir Offenbacher täglich verwenden. Und
tatsächlich, mit dem letzten verglimmenden Gelbton
fuhr sie los. Somit erlebte ich meine dritte Ampelphase,
leider an der immer noch ersten Lichtzeichenanlage, die
aus meiner Sicht viel besser rot leuchten konnte als alles
andere. Kurzfristig dachte ich darüber nach, meiner
Sekretärin Bescheid zu sagen, dass ich mir einen halben
Tag Urlaub nehmen würde, denn so wie sich die Dinge
entwickelten, würde ich wohl in diesem Kreisel über-
nachten müssen. Endlich wechselte dieses grünfarben-
scheue Blechteil den Farbton und ich wollte geradeaus
fahren, doch es gab kein Geradeaus. Blitzschnell versuchte ich mich zu orientieren und stellte fest, dass mein
geplanter Weg nicht mehr in der früheren Form vorhanden war. Jetzt musste ich mich schnell entscheiden,
ob rechts oder links. Leider trifft man manchmal im
Leben die falsche Entscheidung, so wie ich in diesem
Augenblick. Dadurch musste ich noch einmal den kompletten Todeskreisel durchlaufen und, noch schlimmer,
meine schon überwundene Stand-Ampel ein zweites
Mal anvisieren. Als der hinter mir immer lauter werden-
de Rettungswagen im Rückspiegel auftauchte, geriet ich
beim Bilden der vorgeschriebenen Rettungsgasse leider
ein wenig ab von der betonierten Fahrbahn. Mit dem

frisch gewaschenen Auto fuhr ich, zumindest mit zwei Reifen, durch den tiefen Baustellenmatsch und sah fassungslos, wie der Schlamm über die ganze Karosserie spritzte. Jetzt, da mein Bluthochdruck mir eine durchaus gesunde Farbe ins Gesicht gezaubert hatte, galt es, sich wieder in den fließenden Verkehr einzufädeln. Ein quer stehender Getränkelaster machte mir aber einen Strich durch die Rechnung. Dieser hatte sich bei der Rettungsgassenaktion in eine so ungünstige Lage manövriert, dass es in den nächsten 30 Minuten kein Durchkommen gab. Langsam machten sich leichte Hungergefühle breit, denn seit dem Frühstück waren mittlerweile einige Stunden vergangen. Inzwischen lag immerhin schon die Hälfte des Kreisverkehrs hinter mir und ich näherte mich unaufhaltsam dem Startpunkt. Einstweilen hatte der frühe Feierabendverkehr eingesetzt, sodass ich nur noch schleppend vorankam. Notiz an meine Sekretärin: „Ich nehme mir heute mal frei." Ob etwas Besonderes vorläge, fragte sie am Telefon. Ich antwortete ihr, dass ich mir heute mal ein paar schöne Aussichtspunkte in Offenbach ansehen wolle und die Gelegenheit heute besonders günstig war. Am Schluss gab es doch noch ein Highlight: den legendären Sonnenuntergang mit Sicht aus dem Kreisel, einfach unvergesslich. Als ich nach Hause kam, begrüßte mich meine Frau mit den

Worten: „Du sollst doch nicht immer so lange arbeiten, Schatz." Wo sie recht hat …

#Zahn der Zeit

Am nächsten Morgen wollte ich voller Elan aus dem Bett steigen, doch leider benötigt der dazugehörige Schwung eine gewisse Grundgeschwindigkeit und man kann mit Fug und Recht behaupten, dass diese noch nicht mal in Ansätzen vorhanden war. Also rollte ich mich vorsichtig über die linke Seite ab in Richtung Bettkante. Diese schien mir an diesem Tag extrem weit vom Boden entfernt. Dennoch versuchte ich mein Glück und ließ den linken Fuß nach unten baumeln mit dem Zielort Parkett. Nach nur wenigen Sekunden war mir diese fast schon artistisch anmutende Aktion gelungen. Leider übertrug sich das ständige Anlaufnehmen auf den anderen Teil der Matratze, der meine bis dahin noch schlafende Frau beherbergte. Ein leicht unwilliges Schnaufen vermittelte mir einen ersten Eindruck ihrer aktuellen Gemütslage. Ach, ich vergaß zu erwähnen, dass auf dem Wecker folgende Anzeige rot leuchtete: 4:58. Ich gönne ihr von ganzem Herzen ihren Schlaf, aber andererseits kriegt sie natürlich viel mehr erledigt, wenn sie zeitig aufsteht.

Der schwelenden Konfrontation in spe vollständig bewusst, versuchte ich meine Aktivitäten noch geräuschärmer zu vollziehen, was nach menschlichem Ermessen kaum möglich war. Natürlich konnte ich nicht ahnen, dass beim hektischen Belasten des linken Fußes ein schier unaushaltbarer Schmerz in selbigen fuhr. Selbstverständlich bin ich als Mann von Natur aus darauf gedrillt, auch größte Schmerzen klaglos hinzunehmen, aber wahrscheinlich ist dann doch ein klitzekleiner Schmerzensschrei meinen versiegelten Lippen entwichen. Zumindest für geschulte Ohren wie die meiner Frau. Auch unser Hund scheint ein gutes Gehör für lautlose Schmerzbekundungen zu besitzen, denn er fing in seinem Korb an, laut zu bellen. Dies wiederum weckte unsere Tochter im Obergeschoß, aber wie schon gesagt: Der frühe Vogel fängt den Wurm. Meine Familie sollte mir ein wenig dankbar sein, dass nun ein kompletter Tag vor ihnen lag. Doch vielleicht erwartete ich einfach zu viel. Zum Beispiel ein wenig Anteilnahme wegen meiner unerträglichen Schmerzen in der Achillessehne, aber damit hatten auch schon andere Protagonisten der Weltgeschichte ihre Probleme.

#Achilles-Verse

In letzter Zeit da war es still
um ihn, und zwar Achill.
Wahrscheinlich, weil so ziemlich schwer se
zu machen sind, Achilles-Verse.

Auch wenn die Leser unter Tränen
sich hier nach Achilles sehnen,
bleibt es meistens nur ein Traum,
denn auf den Namen reimt sich kaum
mal ein Begriff, bei dem sich's lohnt
zu reimen, wie wir es gewohnt.
So fragt man sich fast jeden Tag,
ob's an Achilles' Ferse lag,
dass keiner seine Verse mag.

#Vegetarier, Veganer und Droganer

Die Welt wird immer verrückter, und keiner möchte mehr in der Rolle des Hausmanns beziehungsweise der Hausfrau stecken. Früher kamen Fleisch, Fisch oder Nudeln mit Hackfleischsauce auf den Tisch, aber das hat sich mit der Entstehung neuer Essgewohnheiten komplett geändert. Viele Menschen haben sich entschieden, auf Fleisch, Fisch, Eier und Käse zu verzichten. Hinter vorgehaltener Hand fragt sich mancher Außenstehende, ob sich dies auch auf fleischliche Gelüste bezieht. Doch ganz unbeachtet vom Blick der Öffentlichkeit verbreitet sich ein neuer Lebensstil. Es handelt sich um Menschen, die den Hauptteil ihrer Kalorienzufuhr aus nicht legalen Substanzen beziehen; diese Gruppe wird im Volksmund als Droganer bezeichnet. Jetzt stellen sich für uns natürlich Fragen über Fragen. Kann man mit Drogen manche Dinge auskurieren? Heißt es deshalb: Drogen-Kurier? Die sogenannten Postbeamten für verbotene Substanzen. Warum kauft man Rauschmittel nicht einfach in der örtlichen Drogerie? Dort gibt es in der Regel einen Rauschmittelbeauftragten, den sogenannten Drogisten. Dieser Beruf fordert eine lange Studienzeit von den Studenten, bis sie ihr Drogistik-Studium endlich abschließen.

Witzigerweise gibt es auch adlige Konsumenten und Multiplikatoren der durchaus großen Palette an Rauschmitteln. Diese Drogenbarone beziehen ihre Sendungen meistens palettenweise und sind im Anschluss sogar bereit, ihre Lieferung mit anderen entgeltlich zu teilen. Wenn solche Deals funktionieren, freuen sie sich wie die Schneekönige. Diese Leute waren immer schon politisch interessiert und haben von Anfang an LSD gewählt. In ihrer Freizeit gab es mittags einen Magic-Mushroom-Salat, vorzugsweise in niederländischen Coffee Shops. Die meisten wurden dabei sehr schnell in Ecstasy versetzt. Manchmal liefen sonnenbedingt rote Libanesen mit ihrem schwarzen Afghanen an der Leine mit Tüten in der Hand durchs Gras und fühlten sich wie die Cracks, teilweise auch wie Graf Koks. Übrigens sind die meisten Nutzer ziemlich harmlos, außer wenn ihnen was gegen die Line, also gegen den Strich geht. Das allerdings, so die Psychologensicht, liegt wahrscheinlich am „Droh-Gen"!

#Droganer-Blues

Er schwankte, wurde stets gerüffelt,
weil er zu viel am Lack geschnüffelt,
verlor für Raum und Zeit das Maß,
vielleicht lag es ja auch am Gras
oder am Pflanzen-Hanf-Gemisch,
denn das kam täglich auf den Tisch.

Zur Finanzierung seiner Drogen
log er, dass sich die Balken bogen,
in seinem Denken gab es Lücken,
er wohnte meistens unter Brücken
und nach dem Rausch wurde ihm klar,
dass er nun ganz unten war.

Ja, die Moral von der Geschichte:
Drogen machen dich zunichte,
du hörst bald, das ist das Schlimme,
schon im Ohr die Grabesstimme:
Hier verliert fast jeder Spieler,
am Ende lacht stets nur der Dealer.

Tatsächlich war er doch so klug
und begab sich auf Entzug,
doch ohne dieses neue Wissen,
hätt er wohl ins Gras gebissen.

#Wär'n mer lieber daham gebliwwe! Oder wie das Kanobis nach Offenbach kam

Die Vorgeschichte: Ein Kreuzfahrschiff in der Südsee verschwindet nach einem Inselausflug gerade am Horizont, als fünf der Gäste verspätet zum Treffpunkt erscheinen und fassungslos dem aus dem Sichtbereich dahinschwindenden Dampfer hinterherschauen. Dabei handelt es sich um Gisela und Hubert (Eintracht-Fan) sowie Friedrich, Katharina und Justus (15 Jahre alt), alle drei aus Offenbach. Jetzt sind sie allein und auf sich selbst angewiesen, und genau hier steigen wir ein.

Nachdem sich unsere unfreiwilligen Südseeinselbewohner ein wenig eingelebt hatten, streiften die ausgewiesenen Landeier über das ganze Eiland. Hubert betete beim Erkunden der Insel leise vor sich hin: „Lieber Gott, wenn du mich von dieser Kack-Insel holst, gerne auch ohne Gisela, schwöre ich, eine komplette Kurskorrektur zu machen. Ich würde wirklich alles tun, sogar zum OFC konvertieren!" Doch mitten im Gebet sah er plötzlich etwas direkt vor sich. „Hey, guckt, was mer hier habe …!!!" „Ein wenig Kultur täte uns nicht schlecht", meinte die etwas eingebildete Katharina, die inzwischen alle nur die Gräfin nannten, „bitte lasst uns ab jetzt nur noch Hochdeutsch parlieren." Die herbeigeeilten Bewohner nickten und schauten desinteressiert auf die Pflanzen vor sich. „Und was soll das deiner Meinung nach sein?" Hubert schüttelte fassungslos seinen Kopf. „Das ist Kanobis!" Alle schauten sich lachend an. „Na klar, Kanobis", sagte der etwas dickliche Justus. „Würdest du uns Unwissende vielleicht mal einweihen, was es mit diesem Kanobis auf sich hat?" Hubert grinste in die Runde. „Also, Kanobis ist eine Mischung aus Cannabis und Knobi. Das verschafft dir einen 1a-Rauschzustand und das Beste ist die Tatsache, dass es blutdrucksenkend ist. Die Adern werden freigepustet und es hilft gegen Vampire. Und wer weiß, wie viele Viecher von diesem mobilen Blutspendedienst ihr Unwesen auf dieser Insel treiben." Gisela meinte nur lapidar: „Kanobis – das kommt gar nicht in die Tüte." Friedrich, der Offenbacher Geschäftsmann in der Reisegruppe ohne Wiederkehr, war dagegen begeistert. „Wir ziehen das ganz groß auf und liefern Kanobis weltweit aus!" „Ach, du meinst, wir als Einzelunternehmer gründen zusammen ein Drogenunternehmen? Also quasi einen Zusammenschluss opiatvertreibender

Inselbewohner. Wie heißt das noch mal? Ich hab's gleich, wart, mir liegt's auf der Zunge: ‚Joint Venture'!" In seiner fast explodierenden Euphorie haute Hubert gleich noch ein Werbegedicht hinterher:

„Bist du am Jammern und am Klagen,
geht's dir beruflich an den Kragen,
scheint dir das Leben unerträglich,
dann nimm Kanobis, dreimal täglich.

Die Sorgen sind dir einerlei,
mal bist du breit, dann wieder high,
da kannst du voll die Sau rauslassen,
als Hanf-Dampf in allen Gassen!"

„Und, wie findet ihr´s?" Die gähnenden Gesichter waren Antwort genug. Selbst Gisela, die sonst niemals ihre Bambelschnud im Zaum halten konnte, schwieg. „Banausen!"

In der Nacht lag eine riesige Knoblauchwolke über der Südseeinsel, während die inzwischen bekifften Planer immer noch überlegten, was mit dem ganzen Geld anzufangen sei. Hubert wollte die Insel unbedingt einzäunen – am besten mit einem Hochvolt-Zaun. Am Ufer sollte dann ein Drehkreuz verbaut werden, darüber ein großes, weißes Schild mit leuchtenden, mohnfarbenen Buchstaben: „Der Nächste bitte".

„Na klar", meinte Friedrich, „und unser Ziel ist der Verkauf von Kanobis mit dem Speed-Boot an nichthessische Konsumenten. Das macht Sinn, weil die meisten

Hessen eh schon berauscht sind aufgrund des exorbitanten Äbbelwoigenusses."

Und als der Tag sich dem Ende zuneigte, lagen die Hobby-Mohn-Schubser breit und high direkt am Strand, nur wenige Hanfbreit vom Wasser entfernt.

Am nächsten Morgen waren alle ertrunken … äääähhh trunken von diesem Teufelszeug, und es schien zu funktionieren, denn weit und breit war kein Vampir in Sicht.

Als dann langsam die letzten Knoblauchzehen vor ihren geistigen Augen entschwanden, machten sie sich auf den Weg zur Plantage. Noch ahnten sie nicht, dass auch noch andere Anwärter auf Kanobis existierten. In der Südsee liefen die dubiosen Geschäfte über mafiaähnliche Organisationen. Analog zu den chinesischen Triaden gab es hier die berüchtigten Knobliaden. Diese verstanden keinerlei Spaß, wenn es um ihre beste Ertragsquelle ging. In dem Moment, in dem unsere Hobby-Mohn-Schubser sich an die Ernte machten, sahen sie sich auf einmal umringt von einer Gruppe waffentragender Südsee-Mafiosi, die schon auf den ersten Blick einen unangenehmen Gesamteindruck vermittelten. Diese Ausgangssituation wurde beim zweiten Blick leider vollumfänglich bestätigt.

Das finanzielle Fiasko und ihr eigenes Lebensende vor Augen mussten sich unsere Zwangsinsulaner in den heißen Sand knien. Alle dachten in diesem Moment wahrscheinlich das Gleiche: „Wär´n mer lieber daham gebliwwe!" Der Anführer der Bande war ein humorlos wirkender Südseeganove mit einer überschaubaren Anzahl an Restzahnbeständen und einer Sollbruchstelle quer über seinem überdimensionalen, haarlosen „Eierkopp". Er drückte Friedrich den Lauf seines Gewehrs direkt in den Nacken, bewegte den Finger nervös am Abzug und sagte plötzlich in lupenreinem Südsee-Dialekt: „Guude, ei was mechst dann du hier?" Und zu Katharina gewandt: „Ei Schnuckelsche, wer hat disch denn hierher gezaubert?" Wie sich herausstellte, waren die vermeintlichen Südseeganoven Kumpel aus Friedrichs alter Gang. Da bestätigte es sich wieder einmal: „Offenbacher sind überall."

Gemeinsam lagen alle von der Wiedersehensfreude und der inhalierten „Friedenstüte" berauscht im Sand, bis sie immer weiter auseinanderrutschen mussten, da alle zu breit waren.

Und so begann die Erfolgsgeschichte, die aus dem beschaulichen Offenbach ein komplettes Kanobis-Imperium machte. Manch Unbeteiligter fuhr am Kaiserleikreisel ständig im Kreis, wahrscheinlich benebelt vom betörenden Duft des Knoblauch-Hanf-Gemischs. Genau aus diesem Grund stehen die Leute auch jeden Tag

154

so entspannt im Stau, denn die blutdrucksenkende Wirkung der über der Stadt stehenden Kanobis-Wolke ist allenthalben zu spüren.

#Ausgangssperre

In unserem kleinen gallischen Dorf herrschte wochenlang eine Ausgangssperre. Neben den sowieso schon
inhaftierten Bewohnern mussten auch die noch auf freiem Fuß befindlichen die Abende zu Hause verbringen.
Doch der Erfindungsreichtum der arg gebeutelten
Mainbewohner schien grenzenlos. Nachdem man sich
nun monatelang als Tabellenführer bei den Inzidenzzahlen etabliert hatte, entschlossen sich die Honorigen der
Stadt zu einem waghalsigen und in der Weltgeschichte
einmaligen Experiment. Aufgrund der intensiven Test-
reihen mit einem exportierten Naturstoff entschlossen
sich namhafte einheimische „Immunogelogen" dazu,
alle Offenbacher Stadtbewohner mit Kanobis zu impfen. Dieses hanfartige Produkt sorgt nicht nur für einen
niedrigen Blutdruck, sondern es soll auch eine vernich-
tende Wirkung auf das Coronavirus haben. Da Offenbach bekanntlich 12,5 Millionen verschiedene Nationen
beheimatet, wären damit auch alle krassen Virusabarten
aus Indien, China, Russland oder Frankfurt mit einem
Schlag eliminiert.

Die politisch rot geführte Stadt hat sofort alle Ampeln auf Grün geschaltet, bevor es den Bürgern aufgrund der Einschränkungen endgültig schwarz vor Augen wurde. Die Forscher aus dem beschaulichen Offenbach legten besonderen Wert auf die einfache und idiotensichere Anwendung des neuartigen Impfstoffs. Besonders praktisch ist die neue Darreichung in Form von Kanobis-Zäpfchen, die in Tüten verpackt sind. Diese Tüten können im Anschluss sogar noch geraucht werden, was die Offenbacher zu Anwärtern auf den Öko-Preis 2021 machte. Analog zu den Tests mit Fußballanhängern fanden gleichzeitig Tierversuche im Offenbacher Schultheis-Weiher mit Riesen-Welsen statt. Die Forscher bestätigten, dass so mancher Wels abging wie ein Zäpfchen.

Doch nicht jeder Impfwillige scheint wirklich zu hundert Prozent geeignet, da sich im Umland auch Menschen befinden, bei denen die erstaunlich große Anatomie des Zäpfchen aufnehmenden Körperteils dafür sorgt, dass die Größe unbedingt nach oben hin deutlich korrigiert werden muss. Doch die gute Nachricht kann an dieser Stelle schon vor Erscheinen in den Medien verkündet werden. Den Offenbacher Immunogelogen ist es tatsächlich gelungen, den neuen Wirkstoff auch als XXXXXL-U-Boot-Zäpfchen zu produzieren.

Somit ist es zukünftig möglich, auch die allergrößten Arschlöcher zu impfen.

Nachdem fast alle Offenbacher und Zugereiste mit Kanobis geimpft waren, fielen die Inzidenzzahlen in den folgenden Tagen ins Bodenlose. Deshalb darf dank des neuartigen Hanfprodukts die Offenbacher Gastronomie wieder am öffentlichen Leben teilnehmen.

Die hessische Stadt will mit ihrem Impfkonzept nun auch bundesweit punkten, und die neue Marketingstrategie lautet: Zäpfchen zum Schöppchen.

#Offenbach, die Innovations-hauptstadt

Es fehlte erst die Effizienz
gegen die hohe Inzidenz,
kein Treffen oder fröhlich Treiben,
Offenbach muss zu Hause bleiben.

Anfangs gab es noch Geplärre
bezüglich dieser Ausgangssperre,
keiner raus und keiner rein,
der Offenbacher blieb allein.

Niemand feiert, niemand trinkt,
und die Verbrechensrate sinkt,
die Kripo sich ins Fäustchen lacht,
das hat sie fein sich ausgedacht.

Doch der Unmut ist verflogen,
dunkle Wolken sind verzogen,
weil unsre Immunogelogen
Kanobis aus dem Hut gezogen.

Preislich ist es fast ein Schnäppchen,
das kleine Hanf-Kanobis-Zäpfchen,
es klingt bitter, fast schon harsch,
Kanobis, das ist voll für'n Arsch.

Doch mancher Trainer hat die Wahl
und nimmt es einfach nur „oral",
Corona sieht es mit Erschrecken,
dass überall die Zäpfchen stecken.

Und die Moral von der Geschicht:
Vertu dich bei Kanobis nicht.

Zäpfchen nutzt man nie oral,
Lutschen, das ist meist fatal,
deshalb einfach nicht lang zieren,
und die Teile „arschivieren".

#Drogen, wohin man auch schaut

In der Ausgabe meiner Heimatzeitung Offenbach-Post vom 24.06.2021 stand folgende Überschrift zu lesen: *Marihuana in der Nase.*

Die Stadtpolizei auf Schnüffeltour, da es im Lilipark permanent nach einem Mix aus Hasch und Knoblauch riecht. Jetzt fragt man sich als geneigter Leser: „Woher weiß die Stadtpolizei, wie das Zeug riecht?" Natürlich wird ein solcher Vorgang groß aufgehängt und kein anderer als der Chef der Stadtpolizei darf mit seinem Ermittlerinstinkt und einem entsprechend ausgestatteten Riechorgan dieser Drogenaffäre auf den Grund gehen. Die ursprüngliche Absicht, Thomas Gottschalk und Mike Krüger als Supernasen in die Untersuchungen einzubinden, wurde kurzfristig wieder verworfen.

Als er sich mit seinem ausgewiesenen Spürsinn dem Ort des Geschehens nähert, nimmt der Polizeichef sofort die Witterung auf und stellt fest, dass es keinen Zweifel mehr gibt. Es riecht nach Marihuana oder Marihuna, wie sich Hausmeister Krause mit Drogendackel Bodo einst äußerte. Vorsichtig taxiert er die Umgebung des Parks und scannt mit seinem geschulten Auge den Boden, die Umgebung und alle verdächtigen Personen ab. Wenn einer den Drogendealern auf die Spur kommt, dann nur er oder vielleicht noch sein Kollege, Kriminalhauptkommissar Adi Hessberger. Laut seinem feinen Näschen mutmaßt er kiloweise Rauschgift in einem Erddepot oder hinter einer Steinmauer.

Im Park sitzen einige undurchsichtige Gestalten, die am Computer ihre Dealer-Management-Systeme aktualisieren. Eine schwarzhaarige Schönheit, die Schneewittchen sehr ähnelt, liest in ihrem Buch das Märchen „Hanf im Glück". Jemand springt auf der Wiese auf und ab, es muss sich wohl um einen Grashüpfer handeln. Alles in allem ein sehr umweltfreundliches Publikum, denn jeder hat eine oder sogar mehrere Tüten dabei. Es gibt aber auch ein paar kranke Menschen, die sich im Park Thrombosespritzen verabreichen müssen. Scheinbar ist er auch noch in eine Art Spendengala geplatzt, denn überall werden größere Bargeldbeträge ausgetauscht. Aber er kann nichts Verdächtiges ausmachen. Es ist ein ganz normaler friedlicher Tag, und überall macht sich eine entspannte Stimmung breit.

Nach wenigen Minuten hat sich das scheinbar größte Drogenspektakel in Offenbach in Wohlgefallen aufgelöst. Weder die Stadtpolizei noch das Amt für Stadtplanung, Verkehr und Baumanagement, das für die Parkanlagen zuständig zeichnet, noch die Grünen sind über die Innovationsmaßnahmen in Offenbach informiert. Der Oberbürgermeister persönlich entschuldigt sich für dieses Versäumnis und berichtet über das neueste Joint Venture: Im Lilipark wird seit kurzer Zeit Kanobis angebaut, der Basisstoff für die kleinen und großen Impfzäpfchen. Stundenlang diskutieren die Parteien inmitten der Pflanzen über die sensationelle Wirkung derselben. Fast kann man denken, dass alle tiefer ein- und ausatmen, als dies normalerweise der Fall ist. Auf jeden Fall kann man deutlich spüren, dass am Ende dieses drogenreichen Tages alle megaentspannt und mit verdächtig prallen Hosentaschen nach Hause gehen.

#Der Drogenpark

Im Lilipark, ganz ungelogen,
da wachsen Drogen, Drogen, Drogen.
Die Polizei hats gleich gerochen
und ist dann durchs Gebüsch gekrochen,
dacht sie doch an Dealers Kunden,
doch nach weiteren zwei Stunden,
war es schließlich jedem klar,
dass es nur Kanobis war.

Keiner musste nun in Haft.
Im Dienste unsrer Wissenschaft,
das hat jedermann begriffen,
heißt es für die Forschung kiffen,
auch wenn es schon etwas schlaucht,
hast du erst neun Joints geraucht.

Dieser Job verursacht Neid,
schon charmant: beruflich breit,
von der Tagesmüh berauscht,
da gäb es manchen, der gern tauscht.

Und die Moral von der Geschicht:
Legal ist auch Kanobis nicht,
es endet stets Justizias Güte
bei jeder illegalen Tüte.

#Touristen werfen das Handtuch

Im Prinzip bin ich urlaubsreif. Als ich auf unserem Balkon sanft vor mich hinschlummerte, träumte ich von Wellengeplätscher an einem Sandstrand im Süden. Damit meine ich jetzt aber nicht den Badesee in Niederroden, sondern einen Ort noch etwas südlicher. Ja, unser letzter Badeurlaub, da muss man schon ganz tief in der Erinnerungskiste kramen.

Manche Nationen besetzen andere Länder, wogegen wir Deutschen am liebsten Liegen besetzen. Und das zu nachtschlafender Zeit. Ich weiß noch, wie ich um fünf Uhr morgens wach wurde, geweckt von einer schlurfenden Horde sich in Richtung Pool bewegender Urlauber. Die Stammessprache schien Deutsch zu sein. Das habe ich daraus abgeleitet, dass ich jedes Wort verstehen konnte. Natürlich machte mich dieser Herdentrieb zur besten Schlafenszeit ein wenig neugierig. Deshalb warf ich mir ein T-Shirt über und folgte der Gruppe. Vor dem Pool blieben die Protagonisten unschlüssig stehen und schauten sich verzweifelt um. Dann begann ein hektisches Treiben. Liegen und Stühle wurden zusammengestellt, Sonnenschirme gehortet und dann mit der Eroberungsflagge bzw. Handtüchern gegenüber später eintreffenden Interessenten als besetzt gekennzeichnet. Da ich zu dieser frühen Stunde zufällig zwei Handtücher dabeihatte, entschloss ich mich, das schwere Gepäck nicht zurückzutragen, und legte es auf den Liegen direkt an der Bar ab.

Ja, so konnte es passieren, dass Familien, die nach dem Frühstück um acht Uhr zum Pool liefen, keinen freien Platz mehr fanden. Wie die Engländer sagen: „The early bird catches the worm!"

Die reservierten Bereiche waren teilweise tagsüber nicht belegt, zumindest nicht von Personen, denn diese Handtuchtouristen – oder sollte man besser sagen: Handtuchterroristen – hatten sich am Strand und am Pool gleichzeitig bevorzugte Sitz- und Liegemöglichkeiten gesichert.

Die Hotelleitung hat dieses Spielchen einen kompletten Tag geduldet, aber dann schlug das Imperium zurück. Am nächsten Tag fand die gleiche Zeremonie wie am Vortag statt. Als die Liegenbesetzer aufgrund ihrer Vorbereitungen für den Strandtag entspannt beim Morgenkaffee saßen, fing das Hotelpersonal an, alle Handtücher zu entfernen und diese in großen Tonnen zu deponieren. Diejenigen Frühaufsteher, die nicht zur Handtuchfraktion gehörten, freuten sich über die Vielzahl freier Liegemöglichkeiten und nahmen das jetzt unbesetzte Territorium in Beschlag. Dies taten sie in völliger Unkenntnis der vorausgegangenen Geschehnisse.

Als nun unsere Handtuchattentäter sich dem Schauplatz näherten, mussten sie feststellen, dass fremde Menschen auf ihrem Eigentum lagen. Um sicherzugehen, wurden die Objekte der Begierde mehrfach umrundet, aber nirgendwo gab es Hinweise auf die ursprünglich ausgelegten Handtücher. Dennoch wurden die Territorialansprüche nach einer angemessenen Wartezeit von wenigen Sekunden geltend gemacht. Die nachfolgenden Scharmützel gingen unter dem Begriff „die 14-tägigen Liegenkriege" in die Urlaubsgeschichtsbücher manches Hoteliers ein. Die schmollenden Verlierer haben aus lauter Frust erst mal alle stillen Örtchen des Urlaubsorts besetzt.

Mit dem Handtuch verhält es sich immer noch so wie mit dem schnellen Tuten am Telefon: Es ist und bleibt ein internationales Besetztzeichen.

#Sport mit 50 plus

Es war schon echt witzig. Jedes Mal, wenn meine Schwägerin mit ihrem Sportabzeichen prahlte, überlegte ich kurz, ob ich das nicht auch machen sollte. Natürlich ohne großen Aufwand, denn für die von ihr beschriebenen Disziplinen würde sich wahrscheinlich noch nicht einmal das Training lohnen. Ballweitwurf, Standweitsprung, Seilhüpfen, Walken usw. schienen mir relativ leicht bewältigbar. Kinderkacke! Die Frage, die sich nun stellte, lautete nicht: „Schaffe ich das?", sondern: „Gold mit Schwitzen oder Gold ohne Schwitzen?" Obgleich ich einen unerschütterlichen Optimismus in mir fühlte, schlichen sich dann aber doch ein paar klitzekleine Restzweifel ein. Dies veranlasste mich trotz mangelnder Notwendigkeit, mit der besten Ehefrau von allen ein paar Minuten in Trainingszeiten zu investieren. Also zogen wir los Richtung Sportzentrum Rosenhöhe. Dort war man auf uns Profisportler bestens vorbereitet. Es war sicher ein wenig Pech dabei, dass wir am heißesten Tag des Jahres loslegten. Genau zu dem Zeitpunkt, als die Sonne direkt auf die Laufbahn brannte. Der

Ascheboden staubte, als ich begann, meine Runden zu drehen. Der mörderische Staub verklebte mir den Gaumen, und das Luftholen fiel immer schwerer. Schweißnass und schwer klebte das angebliche Multifunktionsshirt an meinen in letzter Zeit etwas vernachlässigten Muskeln. Der brennenden Sonne zum Trotz zog ich lässig meine Runden, obgleich ich zugeben musste, dass die Schritte langsam schwerer wurden, dazu stellte sich ein leichtes Seitenstechen ein. Nach einer schier endlosen Laufstrecke kam das Ziel in Sichtweite. Na ja, vielleicht nennen wir es lieber Zwischenziel, auch wenn damit schon mal die ersten 400 Meter hinter mir lagen. Auf einmal kam der Staub auch noch von hinten, was daran lag, dass meine Frau, die natürlich deutlich leichter ist als ich, mich inzwischen zum zweiten Mal überrundete. Selbst mit diesem Tempo lag sie wahrscheinlich noch deutlich über der Bestzeit meiner Mutter, die mit ihren achtzig Jahren immer noch schnell unterwegs war. Aber unter uns Sportlern: Wir wissen halt, dass die ersten 400 Meter immer die schwersten sind. In dem Gefühl, dass auch die zweite Runde vom Weg her nichts Neues bringen würde, wollte ich meine Kräfte lieber für andere Disziplinen aufsparen. Nachdem ich ein kurzes Liegendstretching durchgeführt hatte, wobei ich wohl kurz eingenickt sein musste, ging es direkt wei-

171

ter zum 50-Meter-Sprint. Und hier lagen dann eindeutig meine Stärken. Dadurch, dass ich mich über die Ziellinie warf, schaffte ich zumindest die Silbernorm gleich beim ersten Anlauf. Leider vertrug sich die Haut auf meinen Knien nicht allzu gut mit dem etwas scheuernden Sandboden. Aus diesem Grund habe ich die Haut gleich vor Ort gelassen. So stand ich dann, von den Mühen des Sports gezeichnet, mit blutenden Beinen vor meiner Frau. Ob sie nun Sand in den Augen hatte oder vor Stolz über den unbeugsamen Willen ihres Ehemanns ein paar Tränchen vergoss, ist im Nachgang nicht mehr hundertprozentig zu klären. Ich mutmaßte Zweiteres und dachte nicht mal im Ansatz darüber nach, wegen der paar kleinen Blessuren zu kapitulieren. Deshalb scheute ich mich auch nicht, der nächsten Gefahr ins Auge zu sehen. Standweitsprung! Sie lächeln? Dazu besteht überhaupt kein Grund. Es handelt sich um eine der anspruchsvollsten technischen Disziplinen, die unsere Leichtathletik zu bieten hat. Hier gilt es, sich in die Luft zu katapultieren, um mit einem eleganten Vorwärtsschwung den kompletten Körper in der Sandgrube landen zu lassen. Nachdem ich meine Muskeln entsprechend gelockert hatte, ließ ich die Arme von unten nach oben schwingen, erst einmal, dann zweimal, dreimal – und es passierte unglaublicherweise nichts.

Dieser Körper, vielleicht im Laufe der Jahre ein wenig schwerer geworden, bewegte sich keinen Zentimeter vom Boden weg. Sportler dürfen übrigens in diesem Zusammenhang niemals die Erdanziehungskraft unterschätzen. Was sollte ich gegen diese übermächtigen Kräfte ausrichten? Doch so einfach wollte ich mich nicht geschlagen geben, und siehe da, beim fünfzehnten Versuch erhob ich mich in die Lüfte und flog und flog, bis mein komplettes Kampfgewicht mit voller Wucht in den Sand gepresst wurde. Ja – ich war schon ein wenig stolz, als ich sah, wie weit ich mit meinem Sprung am Ende gekommen war. Die Markierung meines Aufpralls lag in einem halben Meter Tiefe, und darum musste ich mich erst aus dem Krater herauswinden. Aber immerhin war somit das Messergebnis gut sichtbar: respektable ein Meter siebenunddreißig. Das war mein allerbestes Ergebnis in dieser Sparte, was teilweise daran lag, dass ich mich nie vorher in meiner sportlichen Laufbahn an einen so waghalsigen Sprung herangewagt hatte. Zum Glück hatte ich aktuell mein Jahres-Höchstgewicht.

Wer weiß, ob und wo ich mit 10 Kilogramm weniger gelandet wäre. Schon während des Flugs spürte ich eine brutale Zerrung im Oberschenkel und bei der Landung tat die Achillessehne ihren letzten Muckser. Doch das erwartet man von uns Leistungssportlern, dass wir alles geben auf dem Weg zum Ziel. Meine Frau, die inzwischen alle Trainingseinheiten mit Bravour erfüllt hatte, sagte freudestrahlend: „Ich habe noch nicht mal richtig geschwitzt!" Oh, wie ich sie liebe! Auf dem Nachhauseweg philosophierten wir darüber, wann wir das Sportabzeichen machen wollten. Ich habe mich erst einmal für einen Antrag zur Sportinvalidität entschieden. Und überhaupt, wer braucht schon so ein läppisches Abzeichen. Wichtig ist, dass es in dir steckt. Und wer weiß, wohin mich – ohne den Staub, die Hitze, die Schwerkraft oder die Trainingsverletzungen – mein sportlicher Weg am Ende geführt hätte …

#Aktualisierung

Da ich leider aufgrund meiner schmerzhaften Standweitsprungverletzung gezwungenermaßen ein wenig Abstand vom Sport nehmen musste, widmete ich mich der Aktualisierung des etwas vernachlässigten PCs und meiner Homepage. Zuerst einmal musste ich mein idiotensicheres Kennwort einfügen und da ging es auch schon los. Also kurz auf „Passwort vergessen" und schon läufts. Dann bekommen Sie ein neues direkt an Ihre Mailadresse gesendet. Leider hatte ich inzwischen eine neue Adresse, nachdem mein Bestellshop schon mehrere Jahre nicht mehr in Betrieb war. Also verschob sich der Zeitpunkt, für ein wenig frischen Wind zu sorgen, um mehrere Tage.

Der ehemalige Shop hatte viele Funktionen, die ich damals überhaupt nicht genutzt habe. Zum Beispiel das automatisierte Versenden von Rechnungen. Zu diesem Zeitpunkt habe ich diese Rechnungen tatsächlich noch persönlich geschrieben. Doch warum erzähle ich das? Tja, der Teufel steckt bekanntlich im Detail und manchmal sollte man einfach darauf achten, was die

Technik einem vorgibt. Und die Technik sprach zu mir: „Wollen Sie den Shop aktualisieren? Sind Sie sicher?" Das wollte ich! Ich war eindeutig bereit, das angestaubte Programm zu aktualisieren. Und dann drückte ich, ohne mit der Wimper zu zucken, auf ENTER!

Was ich nicht für möglich gehalten hätte, ist der Umstand, dass der Computer ein Eigenleben entwickelte. Alle bestellten Bücher waren nun im Fokus des Rechenkerns. Damit wurde für alle Bestellungen von 2015 bis 2017 eine automatisierte Rechnung erzeugt und an den damaligen Käufer versendet. Das lief alles im Hintergrund, ohne dass ich irgendetwas davon mitbekam.

Erst nachdem sich immer mehr dubiose Geldeingänge auf meinem Bankkonto bemerkbar machten, wurde ich skeptisch. Eine simple Geschäftsidee war geboren. Einfach noch mal die uralten und längst bezahlten Rechnungen versenden und schon rollt der Rubel. Manche durchschauten dieses Unterfangen jedoch und teilten mir mit, dass sie doch schon längst bezahlt hätten. Einer drohte gar mit dem Rechtsanwalt.

Natürlich entschuldigte ich mich bei allen Beteiligten mit dem Hinweis, dass jetzt wohl auch mein Rechner vom Coronavirus befallen sei. Als ich anfangen wollte, das Geld wieder zurückzugeben, kamen erfreuliche Nachrichten. Einige wollten nicht ihr Geld wiederhaben, sondern nur ein aktuelles Buch geschickt bekommen. Da hatte sich doch die Aktualisierung schon wieder bezahlt gemacht. Scheinbar war es tatsächlich eine Fügung von oben, die ich zweifellos nur der Schwerkraft zu verdanken hatte. Ach, da fällt mir ein: Ich muss unbedingt nachschauen, wann eigentlich die nächste Aktualisierung ansteht …

#Wer fragt denn so was?

Manchmal schießen mir wie aus dem Nichts Fragen in den Kopf, und vielleicht kann meine hochgradig intelligente Leserschaft mir bei der Beantwortung ein wenig unter die Arme greifen.

Wurde eine ganze Region wegen des öfter auftretenden Föns und der damit verbundenen Kopfschmerzen WETTERAU genannt?

Heißt ein musikalisches Mädchen aus Norddeutschland wirklich Latrine?

Dürfen Bäume im Parkverbot stehen?

Wurde ein Lektor mit der Zunge erzielt?

Sind Offenbacher: a) sozial oder b) asozial?

Gibt es linke Rechtsanwälte?

Ist es wahr, dass zu Ehren Peter Maffays die Theken in Rumänien nur 80 Zentimeter hoch sind?

Haben Schloss-Gespenster Teamgeist?

Stimmt es, dass die meisten kleinen Menschen keinen Nachwuchs haben? (Ein bisschen Nachdenken müssen Sie schon selbst.)

Müssen böse Verteidiger in den Strafraum?

Nennt man Frauen, die den Boden kehren, wirklich Besenreißer?

Zählt ein Kondom zu den Kaugummis?

Nennt man die absichtliche Verhinderung eines Sturzes tatsächlich „Fallrückzieher"?

Dürfen Echsen kein Anti-Schuppen-Shampoo verwenden?

Lautet ein altes chinesisches Sprichwort: „In jeden Topf passt ein Dackel"?

Lauteten die letzten Worte des Sportlehrers: „Alle Speere zu mir"?

Heißt die Lichtquelle im Stall, auch wenn die Kühe gerade nicht besamt werden, wirklich „Deckenbeleuchtung"?

Setzen sich tatsächlich manche Menschen summend neben Mücken, um ihnen den Schlaf zu rauben?

#Mea Culpa

Heute hieß es früher aus dem Büro und schnell nach Hause zu gehen, denn der Knaller stand auf dem Programm. England gegen Deutschland. Doch der Knaller entwickelte sich dann doch etwas anders als gedacht. Um 16:45 Uhr öffnete der Himmel bei Blitz und Donner seine Schleusen über der A661. Die Scheibenwischer waren nicht mehr in der Lage, den Regen auch nur ansatzweise von der Frontscheibe zu bannen.

Durch den steigenden Pegel angeregt, sinnierte ich kurz darüber, warum ich eigentlich keinen Bootsführerschein gemacht hatte. Jetzt wäre er sicher hilfreich gewesen, als mein Fahrzeug mit etwa zwei Knoten Geschwindigkeit in Richtung Kaiserleikreisel driftete.

Zeitgleich räumte meine Lieblingsehefrau zu Hause die Garage auf. Leider kippte beim Aufräumen der noch fast volle Farbeimer um und verteilte sich aus ihrer Sicht sehr ungünstig auf dem kompletten Steinboden. Dabei war ihre Laune schon ein wenig negativ vorbelastet, weil sie kurz zuvor mitten in der Stadt einen Platten an ihrem Fahrrad hatte. Doch der Schuldige war schnell ausgemacht. Einige Tage vorher hatte ich netterweise ihre Reifen aufgepumpt und soll dabei den Ring am Ventil nicht vollständig zugedreht haben. Das sei der einzige Grund gewesen, warum der Reifen seine komplette Luft verlor, als sie ohne anzuhalten mit dem Vorderrad über die Bordsteinkante bretterte. Ich Unwissender kämpfte mich dagegen völlig unbelastet von jeglichen Schuldgefühlen auf dem Heimweg durch die Wasserfluten. Als ich klitschnass zu Hause ankam, übrigens circa drei Minuten vor unseren Gästen, klärte meine Frau noch kurz die eindeutige Schuldfrage bezüglich ihres luftlosen Fahrradreifens. Was hätte ich entgegnen sollen? „Schatz, du bist zu schwer, kein Wunder, dass die Luft aus dem Reifen gepresst wurde"? Ganz, ganz dünnes Eis. Da muss man einfach mal ein wenig zurückrudern. Und so habe ich aufgrund des nahenden Anpfiffs den aktuellen Anpfiff schließlich akzeptiert und mein Fehlverhalten eingesehen. Der objektiven Subjektivität oder vielleicht auch subjektiven Objektivität meiner besseren Hälfte hatte ich, ein eiskaltes Bier vor dem geistigen Auge, nichts entgegenzusetzen. All diese Tatsachen haben dazu beigetragen, den richtigen Rahmen für einen harmonischen Fußballabend zu bilden.

Übrigens ging es mir ähnlich wie unserer Nationalmannschaft. Auch die hatte dem Gegner nicht wirklich etwas entgegenzusetzen. Die vielen englischen Fans setzten ein deutliches Zeichen und rückten so eng zusammen, dass man teilweise mit bloßem Auge nicht erkennen konnte, wo der eine Fan anfing und der andere aufhörte. Vielleicht heißt es gerade deswegen auch England. 😉

Zum Glück hatte die Regierung Großbritanniens für diesen besonderen Spieltag ein Weiterverbreitungsverbot der Delta-Variante von COVID-19 erlassen, somit stand einem unbeschwerten Fankuscheln nichts im Wege.

Die deutschen Spieler trugen in diesem Spiel erstmals die von dem mit Abstand prominentesten Hundetrainer, nämlich Martin Rütter, gesponserten Trikots. Die Aufschrift: „Die tun nix" war gleichzeitig das Programm des Abends und was will man sagen, die Jungs haben Wort gehalten. Die Schlagzeilen in den Zeitungen sagen schon alles. Die treffendste, im Gegensatz zu unserer Nationalmannschaft, war diese hier: „Was macht die deutsche Abwehr eigentlich beruflich?"

Als außenstehender Betrachter überlegt man sich natürlich, warum es so wenig Gegenwehr gab. Wahrscheinlich hat die emotionale Komponente entscheidend zur Verteidigungs-Lethargie beigetragen. Oder es war einfach nur eine nette Geste gegenüber dem Bundes-Flick in spe. Aufgrund der Niederlage kann der Neue an der Seitenlinie befreit und ohne jeglichen Druck seinen Job beginnen. Allerdings hat sich durch dieses Spiel meine Affinität zu Müllermilch deutlich abgekühlt. Dieses Produkt scheint zumindest nicht viel zu bewirken oder wenig leistungsfördernd zu sein. Möglicherweise hat es sich bei Thomas einfach ausgemüllert. Gilt das auch für die Torwartfrage? Was meinen Sie, liebe Leser, muss da ein Neuer her? Und wie schreibt man eigentlich „kroosartig"? Zumindest hatte die Startelf keine Hummels im Hintern, und es gab unter den Spielern leider keine einzige „Saneschnitte"! Weil keiner die Mannschaft auf Trapp gebracht hatte, „vergosens" am Ende viele Tränen! Emre „Can" leider auch nichts, zumindest weniger als „Gündo gan". Flick wird sich schon gedacht haben: „Musi ala" auswechseln. Kein schöner Gedanke! Das deutsche Fernsehprogramm bietet viele Sendungen an, die möglicherweise in dieser Situation helfen könnten.

Man könnte alle bei der EM teilnehmenden Kicker zu „the biggest loser" schicken. Das würde ein fröhliches Hallo geben – aber wie um Gottes willen soll man entscheiden, wer hier der biggest loser ist bzw. war? Alle hätten sie den Preis verdient. Oder wäre die Sendung „Vermisst" nicht etwas für die balltretende Fraktion?

Nur wird bei dieser Sendung immer intensiv gesucht, und das wäre hier nicht der Fall, weil sie wahrscheinlich erst mal keiner finden möchte. Dann gäbe es noch „die Gosens", „Kickertausch", „Fußballer im Brennpunkt", „Fußballstar gesucht", „DSDS – Deutschland sucht den Superkicker", „Ab ins Boot", „Training Tag und Nacht" oder das beliebte australische „Schunkel-Camp". Vielleicht käme bei diesen wunderbaren Perlen der TV-Landschaft mal ein bisschen Bewegung in unsere Fußballer-Lethargie. Fakt ist, die Nationalmannschaft muss sich neu ordnen, denn sie rangiert aktuell wahrscheinlich sogar hinter Luxemburg und Vatikanstadt, also gefühlt auf Platz 761 der ewigen Rangliste. Zumindest ist es Aufgabe des neuen Trainers Hansi, dass in puncto Technik, Schnelligkeit, Spielverständnis usw. erst mal die größten Löcher geFlickt werden müssen. Aber vielleicht tun wir der Mannschaft auch Unrecht und sie wird bei der nächsten WM wieder voll durchstarten, zumindest, wenn keiner unserer Spieler einen Katarrh bekommt.

#Gibts Satire bei Real?

Die meisten Punkte gibt's im Schnitt
wahrscheinlich bei Real Madrid.
Was für den Gegner eine Qual,
das ist für Madrid real.

Den Gegner an die Wand gedrängt
und tüchtig einen eingeschenkt.
Der Gegentore gab es viere,
kaum noch real, fast schon Satire.

Dem Fußball fehlt sehr oft ein Tor,
den meisten Menschen der Humor,
sie steigen runter, viele Stufen,
von unten hört man sie dann rufen,
der Grund dazu ist ein reeller:
Die sind zum Lachen in den Keller.

Nimm zum Beispiel Dieter Bohlen,
dem hat man glatt den Job gestohlen,
jahrelang sein Traumjob war
Deutschland sucht den Superstar.

Ein andrer will sich nun beweisen,
nämlich der Herr Silbereisen,
das war geboren aus der Not,
die Sendung ist so gut wie tot.

Man kann die Zukunft förmlich sehn,
sein Traumschiff, das wird untergehn,
dem Zuschauer wird es zu bunt,
die Quote, die liegt auf dem Grund.

Manchmal ist der Witz versteckt
oder es fehlt am Intellekt,
die Geschichte zu begreifen,
vielleicht muss sie einfach reifen

und kaum einmal zwei Stunden später,
vor Lachen brüllend, ja, da steht er
grinsend, völlig ungeniert
und hat den Witz dann doch kapiert.

Doch eins, mein Freund, ist fast schon chro-
nisch:
Du nix verstehn, wenn was ironisch.
Dir fehlt der Zauber, die Magie,
um sie zu spüren: Ironie.

Der Einkauf öffnet Tür und Tor,
manches kommt dir spanisch vor.
Am Ende ist es fast egal,
deine Treue gilt REAL.
Ob Essen, Trinken, Spielzeug, Kleister –
eingekauft wird nur beim Meister!

#Fliegeralarm am Wilhelmsplatz

Endlich war es so weit. Meine erste Lesung seit Corona. Es ist erstaunlich, wie schnell man verlernen kann, laut und deutlich zu lesen. Die Veranstaltung fand natürlich draußen statt, und dazu brauchte man nur noch ein wenig Sonnenschein. Am Vortag hatte es schon heftig geregnet, und die Wetteraussichten ließen mich Böses ahnen. Der gallische Gott der Autoren, „Wirdnix", schien sich schon mal gegen mich verschworen zu haben. Und das, obwohl ich ihm am Vortag mehrere Bieropfer dargebracht hatte. Na ja, in Wahrheit habe ich mich geopfert und mehrere Biere getrunken, obwohl ich kaum Durst hatte. Doch „Wirdnix" hatte diese Form der Opferbereitschaft verschmäht und so musste ich schon am frühen Morgen von leichten Sturmböen und heftigen Regengüssen begleitet aus dem Haus gehen. Mein bis zu diesem Zeitpunkt noch in Ansätzen vorhandener Restoptimismus im Hinblick auf schönes Wetter drohte dahinzuschmelzen wie Eis in der Sonne.

An diesem Tag schien es fast, als ob das Coronavirus auch das Wetter beeinflusst. Wir befanden uns sozusagen im Hochsommer und das Einzige, was man in den letzten Wochen als hoch bezeichnen konnte, war der Wasserstand in unserem Keller. Damit beantwortete sich auch eine der aktuellsten und wichtigsten Fragen unserer Zeit: „Können Skistöcke schwimmen?" Die Antwort lautet eindeutig: „Ja!" Aber kommen wir zurück zur anstehenden Lesung. Die Jüngeren von Ihnen können sich vielleicht noch an sonniges und trockenes Wetter erinnern, aber an diesem Tag war damit leider nicht zu rechnen. Einige verwegene, wahrscheinlich ursprünglich von Nordmännern abstammende Gäste, erschienen winterlich gekleidet zur Outdoorveranstaltung. Das Ganze hatte dadurch einen Hauch von Weihnachtsmarktcharakter, was nicht komplett von der Hand zu weisen war, denn in fünf Monaten würde es schon wieder so weit sein.

Ich war geneigt, mir einen Glühwein zu bestellen, verwarf diesen Gedanken aber wieder, denn als Autor hat man natürlich ein großes Verantwortungsbewusstsein gegenüber seiner Zuhörerschaft. Dem geneigten Publikum sollte man auf jeden Fall einigermaßen nüchtern gegenübertreten, weshalb ich mir erst mal ein großes Bier bestellte. Die Voraussetzungen waren ansonsten geradezu perfekt, wenn man davon absah, dass die Flugzeuge im Sekundentakt über den Wilhelmsplatz

fegten, im Hintergrund Jugendliche ihre Mopeds aufheulen ließen, ein kleiner Teil des geneigten Auditori-
ums seine dringend benötigten Hörgeräte vergessen hatte und es zunehmend in mein Bier regnete.

Aufgrund der außerordentlichen Lautstärke, die es ohne Mikrofon zu überstimmen galt, überlegte ich, die Lesung in der Form eines Kinderspiels abzuhalten. Stille
Post. Ich flüstere dem Gast zu meiner Linken die ersten
Lesungssätze ins Ohr und der gibt sie dann an den
Nächsten weiter, bis am Ende einer laut aufsagt, was er
verstanden hat. Doch am Ende habe ich die Flugzeuge
und Mopeds einfach überschrien. Hier kamen mir zum
Glück die Gesangsausbildung im Kickers-Fanblock und
das halbe Kilogramm Halstabletten zugute, das ich für
solche Fälle immer einstecken hatte. Leider sind die
Kanobis-Zäpfchen noch nicht in Zusammenhang mit
Halsschmerzen getestet worden, dennoch hatte ich prophylaktisch mal eines untenrum eingeworfen.

Die lange Enthaltsamkeit von diesen Veranstaltungen
hat leider dazu geführt, dass ich einen absoluten Anfän-
gerfehler beging. Als eine Dame fragte, ob ich denn
vom Buchverkauf leben könne, musste ich erst einmal
lächeln und sagte ihr dann: „Ich habe einen ordentli-
chen Job, damit ich es mir leisten kann, weiterhin Bücher zu schreiben." Die Dame grinste mich an und

meinte: „Das freut mich, dann brauche ich jetzt auch gar kein schlechtes Gewissen zu haben, wenn ich kein Buch kaufe." Klassisches Eigentor. Meine verzweifelten Versuche, ihr mitzuteilen, dass es mir so gut nun auch wieder nicht ginge, waren leider fruchtlos. Einige mitleidige Seelen entschieden sich dann doch dafür, eines meiner Werke käuflich zu erwerben. So saß ich dann noch eine Weile und signierte Bücher.

„Für wen soll denn das Werk signiert werden?"

„Na für mich."

„Verraten Sie mir auch Ihren Namen?"

„Gerne!"

„Wie schreibt man den genau?"

„Ganz einfach, wie man es spricht – Krystof."

#DANK

Liebe Leser, jetzt halten Sie mein mittlerweile sechstes Buch (die dritte Realsatire) in der Hand. Auch wenn ich zugegebenermaßen ziemlich fleißig bin, benötige ich Hilfe bei der Umsetzung meiner Buchprojekte. Ein paar Helfer möchte ich Ihnen gerne einmal vorstellen.

Da ist zum Beispiel mein absoluter Lieblingsverleger Gerd Fischer. Im Prinzip verhält es sich so ähnlich wie bei einem Fußballtrainer, denn er kitzelt immer die Höchstleistung aus seinen Autoren heraus. Mit Argusaugen filetiert, bisweilen sogar skelettiert er das Manuskript und nach Streichung aller überflüssigen Ausdrücke und Füllwörter wird aus manchem dicken Wälzer letztendlich nur noch eine Kurzgeschichte. Er gehört zu den ausgewiesenen Lobverteilern. Wenn man sich richtig Mühe gibt, erhält man in wenigen Ausnahmefällen sogar das Prädikat „brauchbar"! Danke, lieber Gerd!

Bis ein Buch fertig erstellt ist, müssen viele Baustellen abgearbeitet werden. Das geht über die Cover-

Bearbeitung und das Layout bis hin zum Werbematerial. Gut, wenn man einen ausgewiesenen Fachmann an seiner Seite hat, der alle bisherigen Projekte von Anfang an begleitet hat. Lieber Herr Striewisch von together concept, vielen Dank für Ihre langjährige Unterstützung.

Ohne Testleser, in diesem Fall Testleserinnen, läuft natürlich gar nichts. Deshalb gilt mein großer Dank Ellen Voigt, Michaela Schmidt und vor allem Dr. Lena Lindhoff – sie ist die im Buch beschriebene Lektorin, die mich „einen Freigeist der Interpunktion" nannte.

Nachdem er schon bei meinem Buch: „Der Sattel im Speckmantel" das Cover gezeichnet hat, war klar, dass Lutz Kammermeier, unsere Offenbacher Comic-Ikone, wieder an Bord ist. Lieber Lutz oder kurz Guude, vielen Dank für die tolle Offenbach-Illustration.

Liebe Marie, es ist wirklich großartig, dass du mich immer mit deinen wunderbaren Zeichnungen und Skizzen unterstützt. Wohl dem, der eine solche Lieblingsehefrau hat.

Was soll ich sagen? Wer hätte gedacht, dass der ehemalige Fußballtrainer von Kickers Offenbach, Peter Neururer, mein Vorwort schreibt. Natürlich passt das zu diesem Buch und vor allem zu den dazugehörigen Geschichten wie die Faust aufs Auge oder Arsch auf Eimer, wie wir Offenbacher sagen. Vielen Dank für dieses besondere Engagement.

Jetzt kommen Sie ins Spiel, liebe Leser. Vielleicht haben Sie das ein oder andere Vergleichbare erlebt oder kennen jemanden, der ein wenig zur Schadenfreude neigt. Aus welchem Grund auch immer Sie SCHEISSENDRECK HAPPENS kaufen, bestellen oder verschenken, ich feiere Sie dafür! 😊

Herzliche Grüße

T. Fiedler

Ihr Thorsten Fiedler

#Der Autor

Eigentlich haben wir Offenbacher überhaupt keinen Lebenslauf oder gar eine Vita. Ich habe mir jetzt eine von einem Bekannten aus Heusenstamm ausgeborgt. Die braucht er aber irgendwann wieder zurück. 😉

… angefangen hat alles mit meinen Gedichten und ironischen Beiträgen während des Schulunterrichts im beschaulichen Offenbach. Doch dann wurde sämtliche

Fantasie und dichterische Freiheit den seriösen Lebensbereichen Bankausbildung, Psychologie und der Automobilbranche geopfert. Bis eines Tages echte und leibhaftige Mietnomaden und Messies unvermittelt in mein Leben traten und alle Ersparnisse vereinnahmten.

Gemeinsam mit meiner großartigen Familie habe ich darüber philosophiert, ob denn nun ein Strick oder aber das Schreiben eines Buchs probate Mittel seien, um die realen Katastrophen zu verarbeiten. Schlussendlich haben wir uns für die literarische Verarbeitung entschieden.

So entstand 2015 die erste Realsatire: „Der Nomade im Speck". Hier wurde schnell aus Mitleid ein ganz neuer Begriff geboren, nämlich das „Mietleid". Leider konnten die Erträge des Buchs nicht annähernd das Mietnomaden-Minus ausgleichen, weswegen auch gleich ein zweites Buch folgte: „Der Sattel im Speckmantel". Diesmal handelte es sich um eine Radfahrer-Realsatire.

Um einen Gleichstand zwischen meinen drei Offenbach-Krimis und den Realsatiren zu erzielen, halten Sie nun mit SCHEISSENDRECK HAPPENS das dritte ironische Werk in den Händen. In manchen Kapiteln ist die Aussage des Buchtitels sogar absolut wörtlich zu nehmen.

Und zuletzt noch an alle Mitbewohner meiner Heimatstadt: Viele Ereignisse in diesem Buch sind natürlich mit
einem imaginären Zwinker-Smiley versehen. 😉

Weitere Informationen erhalten Sie auf meinen Home-
pages:
www.scheissendreckhappens.de
www.offenbach-krimi.de

Thorsten Fiedler

Der Nomade im Speck

Ein Haus – sechs Wohnungen – keine Mietein-nahmen!

Wenn Nomaden nicht weiterziehen, sondern für immer bleiben ...
Wenn nicht Lionel Messi, sondern Messies bei dir wohnen ...
Wenn dein Haus voll, aber dein Konto leer ist ...
... lebt der Mietnomade bei dir im Speck, schwört dir ewige Treue und all deine Freunde haben Mitleid. Doch du empfindest pures Mietleid!

Das Ende eines Sammlers

Ein Messie saß in seinem Haus
und schaute aus dem Fenster raus.
Das heißt, er hätte rausgeschaut,
wär nicht alles zugebaut.

Dunkel war´s, kein Tageslicht,
die Fenster war´n bis oben dicht,
mit Zeitungen ganz vollgestellt,
drum sah er nichts mehr von der Welt.

Die Wohnung war komplett verrammelt
mit allem, was er so gesammelt,
in vielen Jahren sich besorgt,
geklaut, geliehen und geborgt.
Hat rumgestanden und gelegen,
bot keinen Platz, sich zu bewegen,
und der Raum konnt' auch nicht langen,
um Besuch mal zu empfangen.

Denn in die Wohnung passt' nichts rein,
so blieb der Messie halt allein,
kein Telefon, auch keine Klingel,
denn unser Messie, der war Single.

Kein Reden, Sprechen und Gebrüll,
umgeben war er nur von Müll.
Den Blick hinaus auf Himmels Sonne,
stört' eine Riesenabfalltonne,
nein, eine Tonne Abfall störte,
da, wo sie gar nicht hingehörte.

Und in der Wohnung war nicht viel,
was sauber war und auch steril,
so war die Nahrung schnell verdorben
und daran ist er auch gestorben.

Es war ein Leben voller Graus,
jetzt ist es mit dem Messie aus.
Diesmal war es keine Masche,
also Friede seiner Asche.

*„Humorvoll, satirisch, ironisch: pures Mietleid — wer dieses Buch
gelesen hat und immer noch Wohneigentümer werden will, dem ist
nicht zu helfen." (Wetterauer Zeitung)*

*„Sein Mittel gegen den Ärger ist eine große Portion Ironie — ent-
standen ist eine Lektüre, die amüsant und beängstigend zugleich
ist." (Frankfurter Neue Presse)*

#„Der Sattel im Speckmantel"

Das fette Runde muss aufs Dreieckige ...

Wenn du in Radlerhosen aussiehst wie ein Walfisch im Neoprenanzug ... bergauf nicht dein Bereich ist ... E-Bikes rechts und links an dir vorbeirauschen ... du nach dem Radeln nicht mehr sitzen kannst und deswegen Stehkneipen bevorzugst ... der Teufel nicht nur im Detail, sondern auch dein Hintern im Sattel steckt ... deine Fahrradklingel 10 Gramm wiegt, du aber 135 Kilogramm ... aus dir und deinem Reifen die Luft raus ist ... du froh bist, dass dein Sattel nicht sprechen kann ... Baby-Creme dich am Leben hält ... und wenn das Schönste an den Fahrradwegen die Biergärten sind, dann bist du bereit für die ironisch angehauchten, realen Erlebnisse von 6 Best-Age-Radlern auf ihren Bergab-Touren, die gefühlt leider nur bergauf gehen!